私の金が売れない!

Can't sell my GOLD!

浅井隆

第二海援隊

プロローグ

「金の買い取りをするな！」という当局からの圧力

今、この日本で信じがたい事態が発生している。なんと、あなたが本物の金《きん》（ゴールド）を持っていたとしても、売って現金にすることができないというのだ。

一体、どういうことか⁉

ことの発端は、最近の金の延べ棒の密輸事件だ。数年前より、特に香港からの金の密輸が多発したため空港での荷物のチェックが異常に厳しくなっていることをご存じだろうか。業を煮やした当局は、ついに国内の金の買い取りの総元締めである商社などに対して、「金の買い取りをするな！」という異例の圧力をかけ始めたのだ。

元締めが買い取ってくれないため、末端の買取業者は個人からの金の買い取りをほぼ中止。特に、当局が目の敵にしている海外の刻印（たとえばスイスの

UBSやオーストラリアのパース・ミント）などは、一切買い取ってくれないのだ。

というわけで、もしあなたが金を保有していて急に現金が必要になったとしても、それが海外の刻印の金だとしたら、国内では換金できない。

金はこれまで〝最終資産〟といわれ、紙幣と違ってどんな場合でも価値は揺るぎないものとされてきたが、必要な時に売れないのであればタダの〝おもり〟に過ぎない。密輸事件のとばっちりとはいえ、投資家の中には売ることができず、パニックに陥っている人もいると聞いている。

この〝令和の金騒動〟については、第一章で詳しく解説することにしよう。

しかし、投資家や資産家にとって本当に気を付けるべきは、今回の件が将来の国家破産時における「国家による統制」の恐ろしさを暗示しているという点だ。一九三〇年代のアメリカ政府による金の没収という大事件の例を見るまでもなく、国家というものはイザとなれば何でもやるものなのだ。

一般の国民は気付いていないが、まともな財政学者や政治家（その数はそれほど多くはないが）の間では、この国が将来、破産することはほぼ間違いのない既定事実と認識されている。太平洋戦争敗戦時を超えるＧＤＰ比二四〇％というとてつもない借金は、この異常な低金利によってかろうじて支えられている。低金利によって政府の利払い費も抑制され、低金利に後押しされた好景気によって税収も大きく増えたため、国家破産の到来はしばらく遠のいた。

だが、低金利というものは永遠に続くものではない。あまりに借金が増えてしまえば、政府の信認が失われて国債が暴落し金利が上昇するだろう。現在の日本の好景気も、世界全体がリーマン・ショック後の世界的低金利に裏打ちされた地球規模の好景気があってのことだ。その持続も、もはや怪しくなってきた。日本の税収が大きく減る日が近づいている。

というわけで、将来、この国が破産してハイパーインフレが国民生活を破壊する日が必ずやってくるだろう。その時、金の価格は、円の暴落と反比例して円ベースでものすごく上がるはずだ。しかし、その時に国家の統制によって金が国内で売れなかったり、さらに没収されてしまったりしたら、あなたの必死の努力もすべて水泡と化してしまう。その時の対策の研究も、せねばならない。それについては、第二章と第五章で詳しく解説されるだろう。

いずれにせよ、今回の事件は様々なことを私たちに暗示しているだけでなく、個人資産の防衛について多くのことを警告している。そして、こうした時代を生き残るために不可欠なのが〝正確な情報〟だというのは歴史が証明している。とりわけ、生き残りのための「対策」をめぐる正しい情報は必須だ。

本書は、そのことを中心に書かれた世にもめずらしい金の本である。本書を参考にして正しい金の持ち方を実行され、皆さんの老後資金が守られんことを祈念する‼

二〇一九年八月吉日

浅井　隆

目次

第二章　国家による恐ろしい統制

エピローグ

第一章

あなたが持っている金はタダのおもり!?

――令和の金騒動の顛末

「これは『ホンモノ』ですね。でも、無価値です」

人類が初めて金《きん》（ゴールド）を手にしたのは、今から六〇〇〇年前とも七〇〇〇年前とも言われる。そのまばゆいばかりの光によって、金は時の王や権力者、富豪たちを魅了し、そしていつの時代も優れた価値あるモノとして取引されてきた。国家が通貨を発行する時、その信用の裏付けとして金が長年用いられてきた（つまり、通貨以上の信用力がある！）ことからも、いかに金の価値が人類普遍であるかを伺い知ることができる。

しかし、そんな「金は、人類永遠の財産」という常識を覆すような出来事が起きている。しかも、その舞台は日本だ。なんと、ホンモノの金だというのに業者が買い取ってくれない（換金できない）という事態が起きているのだ。それも一、二社ではない。どの取扱業者に持ち込んでも軒並み断られるのだ。

ある資産家は、急な用立てのため金の延べ棒を地金商に持ち込んだところ、店員に慇懃《いんぎん》な態度でこう言われた。「これは、確かにホンモノですね。ただ、残念ながら当店では買い取れません」――それならと別の店にも持ち込んだが、そこでも結果は同じ。そしてこう言われた。「これは買い取りができない、『ダメな金』なんです」。『ダメな金』とは何だ!?　憤慨した資産家は片っ端から業者に確認したが、結局どこも同じ理由で買い取りを拒否された。資産としての金を全面的に信用していたこの資産家は、自分の金が「ホンモノなのに無価値」であることを呑み込めぬまま、茫然として膝から崩れ落ちた――。

もしあなたが、何らかの事情で金を売ろうと業者を転々とし、そのすべてで断られたらどう感じるかを想像してほしい。大枚をはたいて購入し、大事に保管していた山吹色の重たいカタマリ。それが、もはや誰も見向きもしない「タダのおもり」になり果てたのか？　自分が知らない間に世の中がガラリと変わって、「金は資産」という常識や価値観は消え果てたのか？　と激しい衝撃に襲われるのではないだろうか。

実は、私もこの話を初めて聞いた時はわが耳を疑った。こんな話があるのだろうか？　と。しかし詳しく調査してみると、「なるほど、そういうカラクリか」と納得すると共に、自分がいかに既成の常識や価値観にとらわれていたかに気付かされた。

この話は、目先の「金騒動」に限らない、非常に重要な示唆を含んでいる。これから国家破産を迎える日本にあって、その経済災害への対策を万全足らしめたい読者の皆さんにとっても、無関係どころか極めて重要な意味を持つ。

私はこの話に大きな教訓を得て、何とか皆さんにもこれをお伝えしたいと思い立ち、限られた時間の中でできる限りの取材や情報収集を行なって本書の刊行にこぎ付けた。ではさっそく、この「令和の金騒動」とその背後にある〝本当に恐ろしいこと〟について見て行くことにしよう。

「良い金」と「ダメな金」が生まれたカラクリ

いきなり、「日本で金が現金化できない！」と衝撃的な話をしてしまったが、これは正確な言い方ではない。すべての金がダメなのではなく、ある特定の金が現金化できないという話なのだ。それは何か。海外刻印が打たれている金地金（バー）である。

一キログラムや五〇〇グラムの金地金は、その品質を保証する地金商の商標が刻印してある。日本国内で言えば田中貴金属工業や徳力本店、石福金属興業といった金地金の「御三家」の他に、三菱マテリアルや日興金属、住友金属鉱山といった工業用の材料金属を精製する企業などがある。海外ブランドは、プライベートバンクで有名なスイスのUBSやクレディスイス（CS）、イギリスの化学大手ジョンソン・マッセイなどが有名どころだが、近年ではオーストラリアの造幣局公式地金である「パース・ミント」や南アフリカの「ランド・リファイナリー」も日本で徐々に認知を得ている。

今回の事件は、このUBSやCS、ジョンソン・マッセイなど外国ものがすべて買い取り拒否の対象となっているという話なのだ。では、なぜこのようなことが起きてしまったのか。私は、この衝撃的な出来事のカラクリを明らかにするため、とある金取り扱い関係の業者にインタビューを敢行した。

取材協力してくれた業者が教えてくれたのは、極めて明快な話だった。近年激増している金の密輸入事件に当局が業を煮やし、業界を挙げて密輸金の売買を締め出すための非常手段に打って出たその結果だったのだ。

そもそも、日本での金の密輸入の激増は二〇一四年頃にまで遡る。もちろん、それまでにも金の密輸がなかったわけではない。しかし二〇一四年を境に、目に見えて摘発件数とそれによる押収量が増えたのだ。

一七ページの表は、財務省が発表した金地金の密輸摘発に関する実績だが、平成二五年（二〇一三年）までは件数にして十数件、量にしても数十キログラム程度だったことがわかる。これが、平成二六年（二〇一四年）からは数百件単位、押収量も数トン単位に激増している。

では、なぜ二〇一四年から急激に密輸が増えたのだろうか？　当時、金密輸についてはニュースでそれなりに報道されたし、また最近では某芸能人の闇営業問題が取り沙汰された際に、この芸能人が金密輸業者に関与していたという

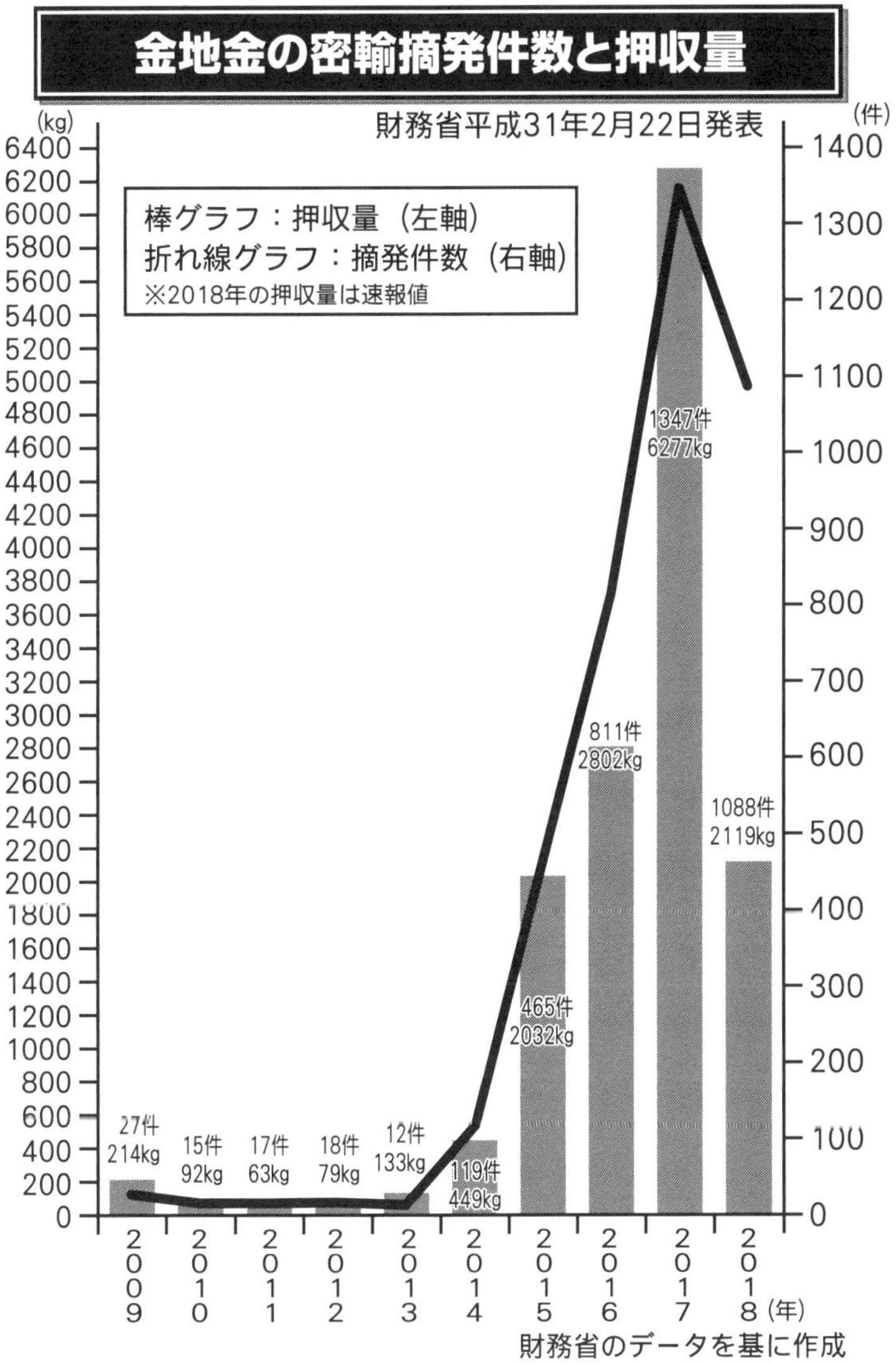
金地金の密輸摘発件数と押収量
財務省平成31年2月22日発表
(kg)
(件)
棒グラフ：押収量（左軸）
折れ線グラフ：摘発件数（右軸）
※2018年の押収量は速報値
27件 214kg
15件 92kg
17件 63kg
18件 79kg
12件 133kg
119件 449kg
465件 2032kg
811件 2802kg
1347件 6277kg
1088件 2119kg
2009
2010
2011
2012
2013
2014
2015
2016
2017
2018
(年)
財務省のデータを基に作成

話があり、そのつながりで理由を思い出した方もいらっしゃるかもしれない。あるいは「二〇一四年」という時期から、察しのいい方はお気付きになったかもしれない。その理由とは、「消費税の増税」である。なぜ消費増税が金密輸につながるのか。その原理は意外なところにある。まず、海外ではほとんどの国で純金（正確には24金）に消費税やVAT（付加価値税）がかからない。一方、日本の税制では24金の売買にも消費税がかかる。そこで、この課税格差を利用するのだ。それが、海外で24金を調達し、日本に密輸するという話だ。

たとえば、海外で一キログラムの金を五〇〇〇万円で調達する。これを密輸し日本で売ると、元の値段にさらに八％（二〇一九年一〇月からは一〇％）の消費税分を上乗せた額を受け取れる。つまり五四〇〇万円で売却でき、簡単に八％のサヤを抜けるというわけだ（密輸業者は当然モグリであるから、これを日本国に納税するなどということはしない）。

余談だが、取材をした業者によると、純金に消費税をかける国は極めてまれで、本当に日本ぐらいしかないという。金の業界に長年関わる人たちから見ると、日本だけなぜ税金をかけるのかがわからないということだ。土地の売買には消費税がかからないのに金には税がかかるというのも、何とも解せないところだが、とにかくそのように政府当局が決めているということだ。

話を戻そう。つまり密輸によって国は取れるはずの消費税が取れず、それが損害となる。その上、さらにこうした密輸の利益は大半が反社会勢力や更なる犯罪組織などに流れる。放置すれば国際的なマネーロンダリングに国として加担する格好になり、政府として当然これを看過することはできない。

そこで警察や税関が乗り出し、空港や港などでのゲートに最新鋭のＸ線検査装置やミリ波スキャナーを導入、手荷物検査やボディチェックを強化して水際での対策に打って出た。その結果こそが、前述の財務省発表の数字である。

しかし、コトはこれで終わらない。この闇取引は、当局の予想をはるかに上回るレベルで大規模化、巧妙化していることが明るみに出たのだ。その実態に気付いたのは、警察や税関ではなく意外なところだった。経済産業省の外局、資源エネルギー庁（以下、エネ庁）だ。

エネ庁では、わが国の資源関連の統計を毎月更新している。その中に「貴金属流通統計調査」という統計があり、これを見ると日本における金の輸出入動向がわかる。この統計は単月と年累計の表のみが公表されているが、これを元に金の輸出入を時系列でみると、衝撃的な事実が浮かび上がった。なんと、金の輸出が二〇一四年以降爆発的に伸びているというのだ（二一ページの図参照）。

ここ数年、国内での金消費は五〇～六〇トン程度で安定しているのに対し、輸出は二〇一四年に七一トン、二〇一五年が一二〇トンと急激に増え、二〇一七年にはついに二八四トン、二〇一三年以前から見ると四倍以上もの金が輸出されたのである。金の正規輸入量と国内の流通量から考えて、輸出だけ突出しているというこの数字がいかに異常かは、誰の目にも明らかとなった。

この莫大な輸出量を支える金は、果たしてどこから供給されるのか。もはや考えられる答えはただ一つ、「密輸」しかなかった。税関などで摘発される量をはるかに上回る莫大な金がどこからか輸入され、消費税分をサヤ取りされた上、それが再び海外に出て行っているのである。

金の消費・輸出動向

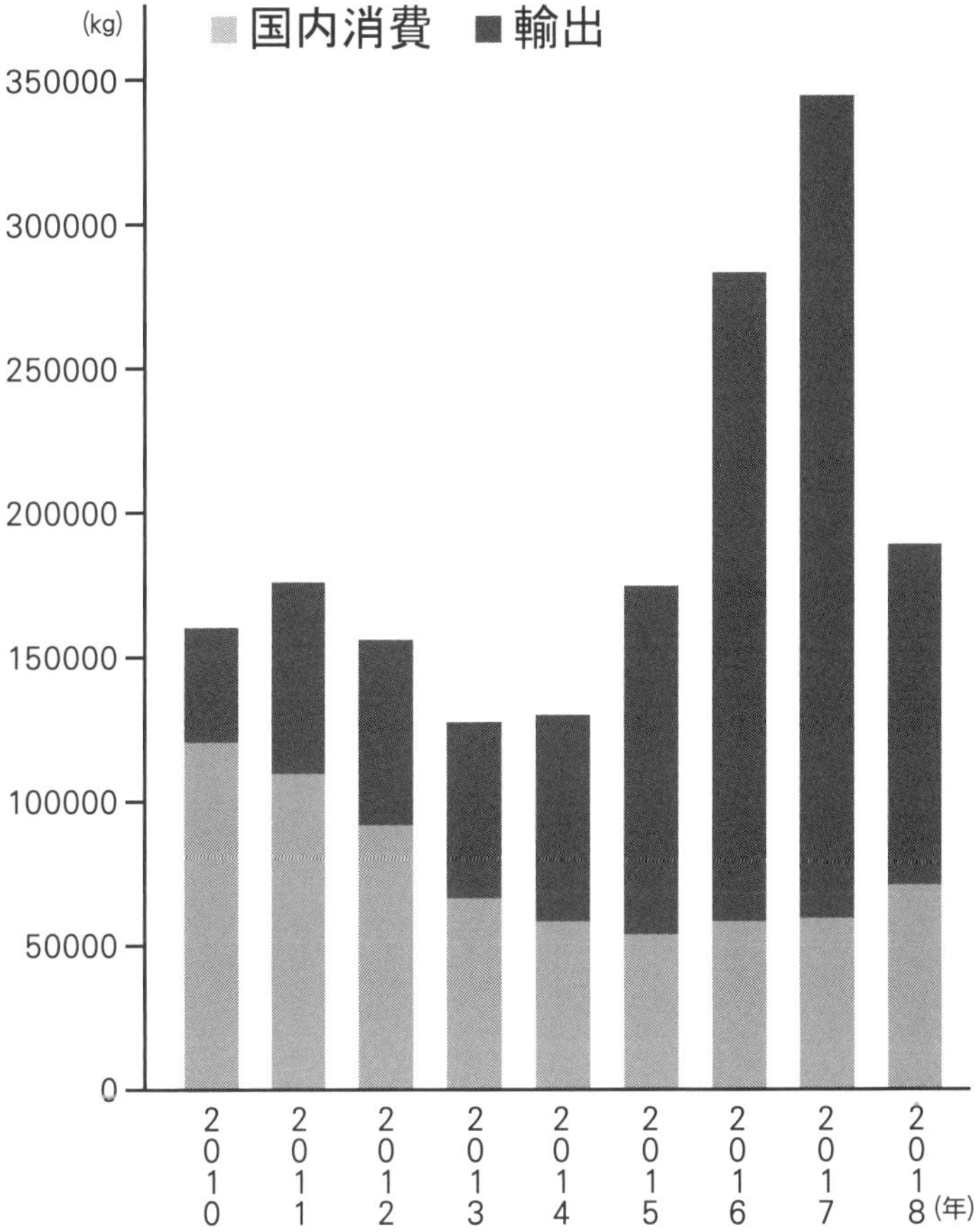

資源エネルギー庁のデータを基に作成

金は輸出される際、海外との税金調整のため消費税に相当する部分を輸出業者に還付される。つまり、金輸出激増のかなりの割合が密輸金で賄われていることになり、それは直接国庫に対する損害となるのだ。二〇一四年以前の輸出量が四〇～六〇トン程度であることを考えると、二〇一七年の二八四トンの輸出のうち約二二〇トンが密輸であると推測できる。時価総額にして約一兆一二〇億円、その消費税率八％分は約八九六億円にもおよぶ計算だ。あくまで大まかな推計だが、これだけの税金が流出しているわけである。

もはや、コトは警察や税関といった現場レベルではなく、経済産業省や財務省などの「国策レベル」の事態にまで発展していたのだ。

「運び屋」――その驚愕の手口

このような莫大な量の金を、誰が、どこから、どのようにして日本に持ち込んでいるのだろうか。少々話がそれるが、その手口やルートについて見て行きたい。

まず、誰がやっているかだが、ネットなどでこのカラクリを知った一個人がやる場合もあるだろうが、それは人数的にも量的にもたかが知れている。一人一回当たり数百グラム～数キログラム程度がせいぜいだろう。これをいくら累積しても、百トン単位には遠くおよばない。やはり数十～数百キログラム単位の大口密輸者が存在するということだ。数十～数百キログラムともなってくると、いちいち小口に分解し毎回税関を通っていれば手間もコストもかかる上、摘発されるリスクも大きい。当然、まとまった単位で買い付け、密輸してさばくことになる。海外での買い付けにも多額の資金が必要となるし、途中で摘発されても捕まらない工夫も必要となる。となれば、必然的に組織化して密輸に当たることになる。したがって、こうした大口のものは、そのほとんどが暴力団関係や国内外の犯罪組織が関与しているとみられる。

実際に金を運ぶ者は、真っ先に捕まるリスクを負うことになるため、密輸組織となるべく接点の薄い人間を使う必要がある。そこで、運び屋を手配する担当が日常生活を装って一般人と知り合いになり、こづかい稼ぎなどと言って密輸を持ちかけるといったことを行なうのだ。実際、パチンコ屋でたまたま知り合った人に話を持ち掛けられて運び屋に手を染めた、などという例もあるくらいだ。こうした「にわか運び屋」たちは、「自分は頼まれてやっただけ」と開き直るが、立派な税関法違反と消費税法違反となり、勾留された上莫大な罰金を払わされるハメになる。

次に、どんなルートを通じて日本に持ち込むかだが、これは香港、中国、韓国が圧倒的に多い。先述した財務省の発表によれば、平成三〇年の摘発内訳を見ると、香港、韓国、中国からの密輸で全体の八割を占めている。押収量が二トンなのに対し、輸出に含まれる密輸金は推定二〇〇トン以上であるから、本丸はまったくの別ルートという可能性も考えられるが、地理的要件、税関の厳しさなどを考えると香港、中国、韓国で八割というのは、大よそ実態を反映していると言っても的外れではないだろう。

実は、香港にせよ韓国にせよ、税関での金品持ち出し、持ち込みのチェックは非常にユルいのが実態だ。実際、香港や韓国の出入国審査はかなり適当というか、金などの現物資産を持ち出したり持ち込んだりすることに積極的な規制をしようという意欲を感じないものだった。特に香港は、元々の国家戦略が中継貿易での繁栄を狙ってフリーポート（外国貨物は関税がない港）としていたため、勢いこうしたチェックも甘くなりがちになる。

参考までに、私が定期的に訪れるニュージーランドは、主に環境保護などを目的として植物や食品の持ち込み規制が非常に厳しいことで知られる。また、アメリカは一万ドル相当以上の現物資産や現金の持ち込みについては厳しくチェックされ、無断で持ち込んだ場合、最悪二度とアメリカに渡航できなくなる。さらに、9・11以降はセキュリティチェックも非常に厳重になり、世界屈指の出入国審査が厳しい国となっている。

その米国に匹敵、あるいはそれ以上とも言われているのが北朝鮮とイスラエルだ。北朝鮮はとにかく情報統制が厳しく、カメラの持ち込みや持ち出しにも厳しいチェックが入る。北朝鮮に不利な情報が書いてある書籍なども、持ち込もうものなら即没収だ。イスラエルは、周辺のイスラム教国家との対立が著しく、スパイや破壊工作への対策から出入国の検査が極めて厳しくなっている。入国審査時、うっかり周辺のイスラム国家のスタンプが押されているパスポートなどを出した暁には、ほぼ間違いなく「別室送り」で身ぐるみはがされての取り調べになるというし、また出国時にスマホの写真をチェックされ、まかり間違えて遠くに軍事施設が写っている写真など出てくれば、スパイ容疑で逮捕される恐れすらある。

どの国においても、自国を守るために出入国審査は厳格に行なうのが世界基準だが、それに照らせば日本の審査はかなりというか、極めて甘い部類かもしれない。今でこそ金密輸の激増を受けてかなりチェックは厳しくなっているというが、ほんの数年前までは中国人や韓国人が「やりたい放題」と言うほどの状態だったのだ。

話を戻そう。空港の税関をすり抜ける手口もまた、すさまじく多様化している。税関のホームページを見ると、その多様な手口を写真付きで公開しているが、防弾チョッキのようなベストの裏のポケットに延べ棒をたくさん挿していたケース、靴底に隠すケースなど古典的なものから、体内に入れて持ち込もうとする例もかなりあるという。「直腸密輸」と言って、入れやすい形状に整えた金をお尻の穴から直腸に入れて持ち込む手口もかなり見られたそうだ。「そんな大量に持ち込めるのか？」と疑問に思うかもしれないが、実は存外に入るということだ。容積としては一〇〇〇ｃｃ程度は入るという話だから、金にすればキロ単位で入るのかもしれない。金をゼリーでコーティングすればどんどん入るらしいが、詰め込み過ぎるとある時点から激しい腹痛に襲われるという。実際、それで密輸が発覚した例もある。

また、取材をした金業者の話では、福岡の支店に明らかに「直腸密輸」と思しき金が持ち込まれたことがあるそうだ。経験豊富なスタッフでなくても、嗅覚でそれが密輸であることが瞬間的にわかったそうで、店員が「こればかりは勘弁してくれ！」と叫んだらしい。ただ、ここではその詳しい様子についてはあえて詳述を避けたい。

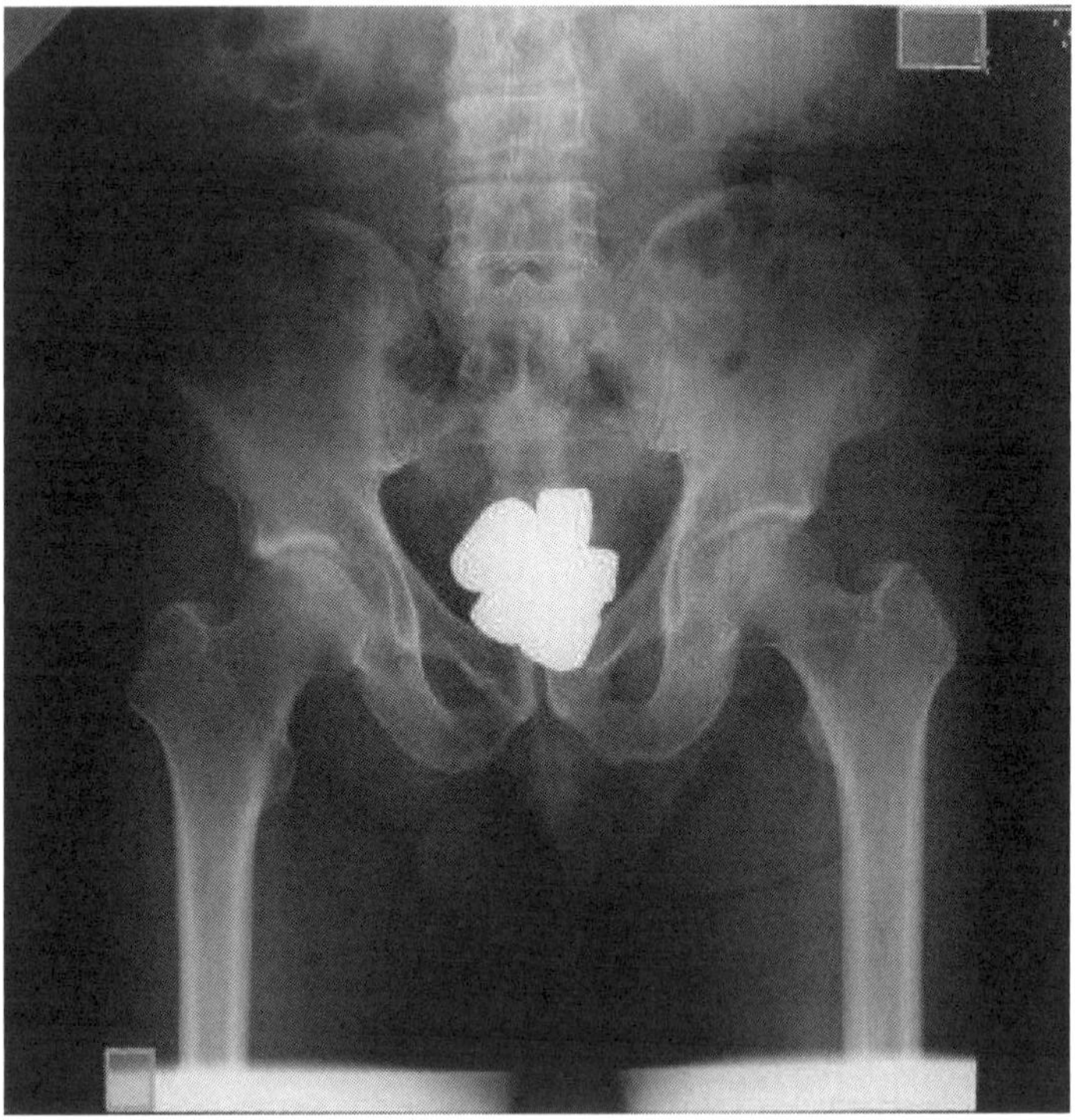

直腸の中に隠された金塊のＸ線写真（財務省門司税関　提供）

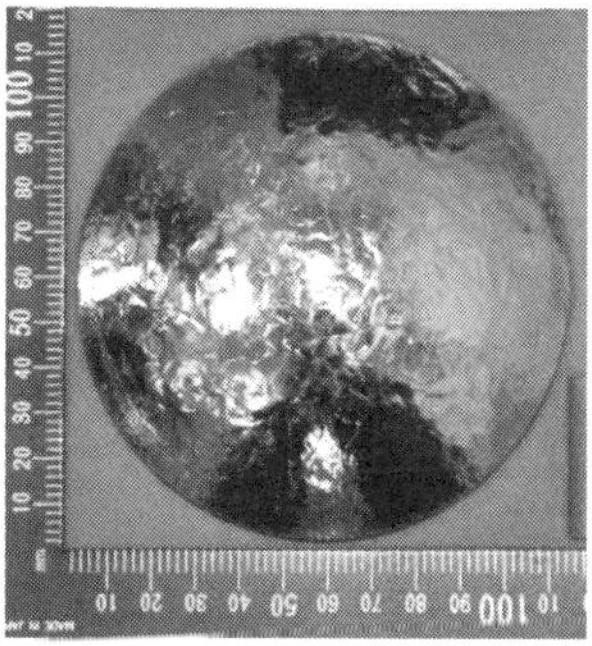

ブラジャーのカップ状に加工した金。これを身につけて飛行機に乗り込むのだ（出典：税関ホームページ「金密輸図鑑」（http://www.customs.go.jp/mizugiwa/gold/gold_photo.pdf）より）

さて、他にもまだまだ巧妙な手口がある。喜平《きへい》や数珠、ネックレスに加工した金に銀メッキを施したりサンゴに見えるような塗装をしたもの、腕時計のケースやベルト状に加工して腕に装着する手口、機械部品（ねじ、歯車など）やカバンの金具、ベルトのバックル、果ては家や車のカギに似せたものまであったという。

さらに驚きの手口もある。巻タバコ状に加工し電子タバコに挿す、スマートフォンのバッテリー状に加工しホンモノのスマホの中に入れる、さらにはブラジャーのカップ状に加工した金を胸に入れて持ち込もうとした者もあったというのだ。女性の胸が固いことに税関職員が気付いたことで御用となったという。実際に税関のホームページなどで写真を閲覧できるのだが、もはやここまで来ると、スパイ映画顔負けのレベルだ。

また怖い話だが、空港の税関や飛行機の客室乗務員が買収されているケースも実際にあったそうだ。たとえば税関の場合、買収された職員が立っている列を狙って密輸業者が並ぶと、そこだけはX線検査やボディチェックがユルく、持ち込みが見逃されるということがあったそうだ（現在でもあるかもしれない）。

二〇一七年には、香港のＣＡの荷物から金塊が見つかり、密輸容疑で拘束されている。このＣＡは同僚にカネを渡して乗務する便を交代してもらい、頻繁に日本に来ていたと言い、密輸を繰り返していた可能性がある。

航空密輸に関しては、実際には未遂で終わったものの、より複雑な手口も見つかっている。香港や韓国から国際線として飛び、その後国内線に切り替わって別の空港に飛ぶ飛行機を使うというものだ。運び屋は機内に密輸金を持ち込みそれをトイレの隙間などに隠し、日本に着いたらそのまま降りる。次に「受け子」がその国内線に乗り、トイレの金を取り出して飛行機を降りるのだ。こうすると、厳しい入国審査を通らずに国内便の緩いゲートをくぐって金を持ち込めるというわけだ。これを受けて、当該航空会社は機材のセキュリティ強化に乗り出したらしいが、恐らくこれで終わりではなく、今後もさらに巧妙な手口が開発されるに違いない。

とはいえ、人間が直接運んだり、預け入れ荷物に入れたりする方法には限界がある。金は非常に重く、持ち運びには不適なモノなのだ。取材した業者の方も言っていたが、たとえばベストの裏のポケットに延べ棒をいっぱい挿して摘発された事案も、もう見るからに「重いものが入っている」体になるのだそうだ。服が不自然によれておかしな感じになっていたり、動きが不自然でぎこちなかったりするのだ。またスーツケースに入れた場合なども、持ち運ぼうとすると不自然にケースが変形したり、キャスターがひしゃげたりするそうだ。

つまり、人が持って密輸するには限界がある。となると、大量に密輸する方法は別にあるということだ。そのヒントとなる事件が二〇一九年一月に明るみとなった。自動車部品のサスペンション内に金を入れ、一九億円分を持ち込んだイスラエル人が二〇一九年一月に逮捕されたのだ（千葉日報 二〇一九年一月二四日）。一度に約二〇〇キログラムという、大量の金が持ち込まれたのである。

しかもこの手口、一度や二度ではなくどうやら約五〇回も行なわれ、四トンもの金塊を密輸していたらしいというから驚きだ。確かに自動車部品であれば、普通に通関を通して輸入できるだろう。重いことにも不自然さはあまりないし、

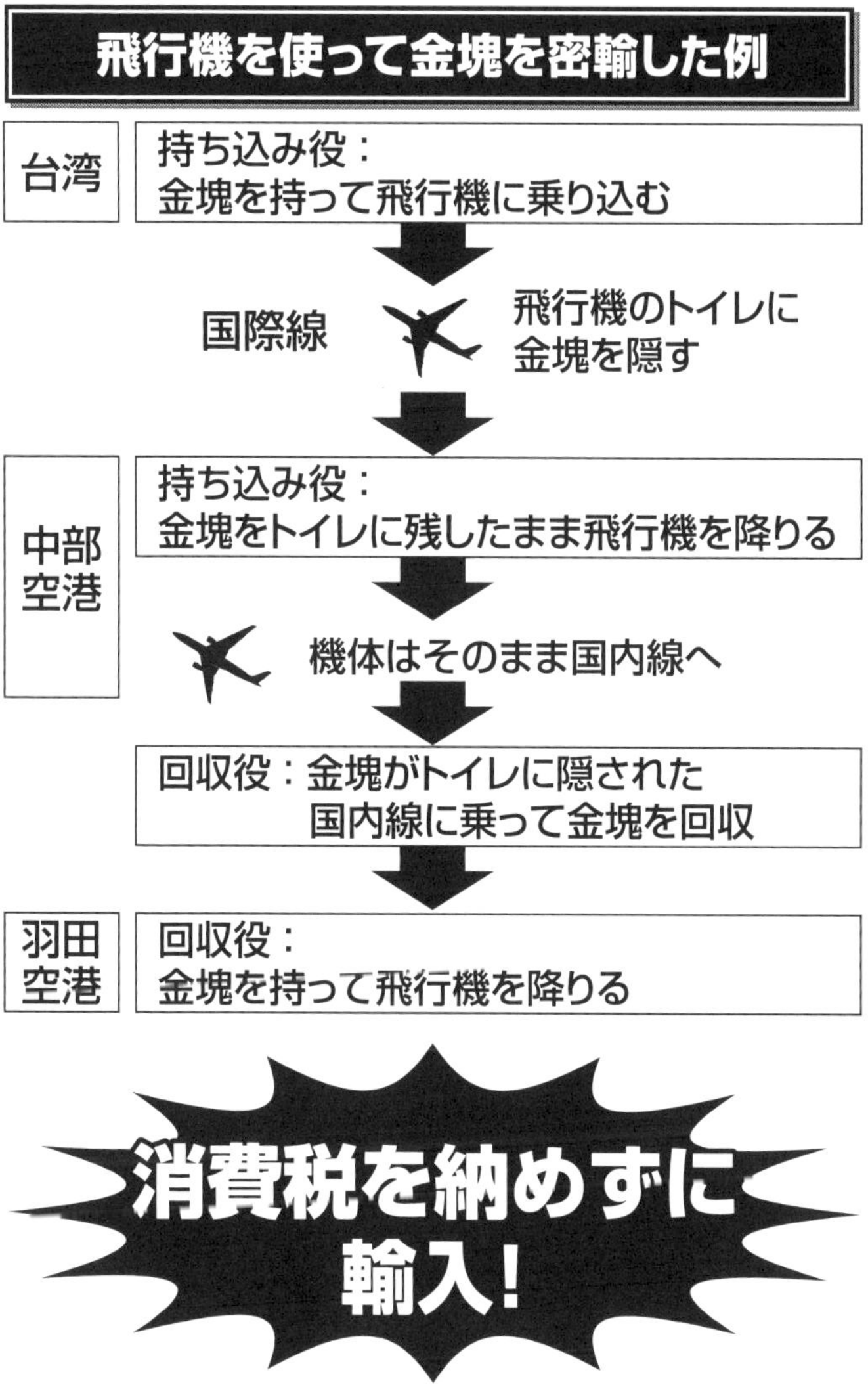
飛行機を使って金塊を密輸した例
台湾
持ち込み役：
金塊を持って飛行機に乗り込む
国際線
飛行機のトイレに
金塊を隠す
中部
空港
持ち込み役：
金塊をトイレに残したまま飛行機を降りる
機体はそのまま国内線へ
回収役：金塊がトイレに隠された
国内線に乗って金塊を回収
羽田
空港
回収役：
金塊を持って飛行機を降りる
消費税を納めずに
輸入！

X線で調べても他も金属だから見分けは付けづらい。実に巧妙である。

大量密輸となれば、他にも手っ取り早い方法がある。それは空路ではなく海路を使うものだ。皆さんは「瀬取り《せど》」という言葉をご存じだろうか。最近、北朝鮮が経済制裁を潜り抜けて原油を輸入するため、自国の沖合で原油密輸船と合流し、船上で物資受渡しを行なっていたというニュースがあったが、これがまさに「瀬取り」である。似た言葉に「背取り《せど》」や「競取り《せど》」があるが、こちらは近年ネット上で行なわれている「安いものを買い付け、ネットオークションに出品して高値で売る」というもので、船上受渡しとは意味が異なる。

この「瀬取り」が、金の密輸で行なわれているというのだ。実際、海上保安庁は平成二九年（二〇一七年）五月に国籍不詳の小型船舶を摘発、二〇六キログラムもの金を押収している。同年一〇月には、香港人乗客を乗せたクルーズ船を那覇の港で摘発、二一七キログラムを押収した。

船の上でブツのやり取りをするなら、税関のチェックは一切関係がなくなる。中国や韓国の密輸船と日本の船舶が適当な海域で合流して直接受渡しすれば、日本の船はその後ノーチェックで貨物を降ろし、そして金の買取業者に持ち込むことができる。あくまで推測だが、この方法で日本に持ち込まれた金も相当な量あったのではないだろうか。もちろん、相手は高い取り締まり能力を持つ海上保安庁だからそう易々と密輸を許すはずはないだろうが、しかし右の二件が瀬取りのすべてだったわけでは決してないはずだ。むしろこれは氷山の一角で、この一〇倍程度は実際に密輸され不正な利益を生み出したと考えるのが自然だろう。

いずれにしても、このように実に多様な手段で小は個人レベルから、大は大規模な犯罪組織や反社会勢力に至るまで、荒稼ぎを狙った金の密輸が横行したのである。思い起こせば明治初期、開国と共に世界の列強諸国はこぞって日本の金に狙いを定め、なかばだまし討ちの条約で金を搾取して行った。

そして時代は下り、今度は日本の税金の抜け穴を狙って外国から大量の金が入ってきた。何とも因果な話ではないか。

さすがに、この事態を日本の当局が野放しにするはずもない。水際の密輸摘発に限界を感じ取った彼らは、次なる強硬手段に打って出る。そしてそれが、「令和の金騒動」勃発につながって行くのだ。

当局の最終手段とその後の展開

では、当局は何をしたのか。これが、実に驚きの方法である。銀行に介入して、金の売買業者への融資を大きく規制したのである。

密輸した金は、反社会勢力や架空のペーパーカンパニーなどを経て「後ろ暗くない」会社や個人に渡され、最終的には金を買い取ってくれる業者に持ち込まれる。専門業者の話では、ピーク時には一日に何十キログラムもの金を買い取ることもあったというから、一日に数億円という大金が動いたということだ。密輸ルートから持ち込まれる取引では、そのほとんどが現金での払い出しを望むため、業者は億単位の現金を銀行から引き出して準備する必要がある。

しかし、先述したようにあからさまに金輸出が増えたため、金融当局が銀行に「見えざる圧力」をかけたのだそうだ。

要はこういうことだ。金の業者は取引相手を法の定めに基づいて適正に審査し、その結果、おおよそ要件を満たしていると判断すれば払い出しを決める。相手先のすべてを調べることなどおよそ無理であるし、「蛇の道は蛇」の言葉通り、密輸ルートを確立する彼らからすれば尻尾をつかまれるヘマはしない。

また一方で、買取業者に買い取りをしないよう圧力をかければ、従来から行なわれていた何ら問題ない取引（密輸ものではない、本来的な需給による取引）にも制限をかけることになるし、また密輸者側にもそれがすぐ伝わることで太い密輸ルートを当局が洗い出す前に、末端の業者や個人が切り捨てられてしまう危険もある。

そこで、業者には圧力をかけずむしろ「今まで通りどんどんやって下さい」などと言う一方で、銀行にはこう言うのだ。「一日にそんなに金を売りにくるなんて、しかもそれが毎日なんておかしな話はないだろう？」——皆まで言うまい、だが言わんとしていることはくみ取れ、ということだ。それまでの商いの流れから発生していた融資額を著しく超えて融資はするなと、言外に圧力をかけたのである。これならば、業者は資金を用意できないため買い取りには応じられなくなるし、その理由も「銀行の審査が厳しくて」という話になるため密輸業者を当面泳がせておくこともできる。

だが、本当にこんな「忖度」で銀行が融資を絞るものなのか？　とあやしく思われる読者もいるかもしれない。何しろ、昨今は超低金利が銀行経営を直撃している。金の買い取りでも資金需要があるなら、カネにならない「忖度」などせず、もろ手を挙げて貸し付けるのではないかと。否、そうではない。銀行にとって金融当局とは、決して逆らえない相手なのである。

ちなみに、金の業者にもっとも多く貸し付けを行なっていたのは、みずほ銀行とのことだ。みずほ銀行と言えば、反社会勢力への融資、幹部による暴行やセクハラ事案、顧客預金の着服、そして度重なるシステム障害による社会的影響など、金融当局からの覚えもはなはだめでたくない銀行である。そんな銀行に当局が乗り込んできて「金密輸が絡んでいる蓋然性《がいぜん》（確率）が高い案件に融資するのは、国益を損じている行為とは思わないのか？」などと言われれば、二つ返事で融資縮小するのは明白だろう。

ただ、当局のこうしたやり方は、関係する金取引が明確な違法性を伴っていることを証明できなければ本来やってはいけないことである。業者に持ち込まれる金は、その多くが国内地金商によるものではないが、鑑定すればまさしく金そのものであるし、持ち込みルートも密輸と特定できる証拠がない。

つまり、「統計上は限りなく密輸と疑わしいが、しかし証拠がない」金に対して規制をかけるわけだから、書面など形に残るもの、通達や指導など公式な手続きに準じたやり方では後々非常に具合が悪い。そこで当局が直々に乗り込み、口頭で状況を話し、「お前、自分の立場はわかっているな？」と忖度させたというわけである。話を聞いた時、私は官・民双方の旧態依然の体質に呆れつつも、この国ならさもありなんと、なかば諦念に近い納得を覚えた。

いずれにしても、このようにして銀行から金業者への現金の払い出しは制限され、やがて密輸金の取引がやむなく現金から振り込み扱いに切り替わるようになってくると、今度は振り込みでの払い出しも制限されるようになった。

こうして金の買取業者は、金の買い取りを急激に絞り込まざるを得なくなって行った。

しかし、金を取り巻く当局の対処はこれに留まらなかった。なんと、こうした「言外の圧力」は、金融の領域を超えて商社にまでおよんだのである。

実は、先述した「貴金属流通統計調査」で出てくる金の輸出については、日本では商社がその八割近くを取り仕切っている。それは、金の輸出には税関の許可が必要となり、また取引先も海外であることから高い信用力が求められるためだ。その代わりとして、金輸出については内外の税格差を調整するため、消費税分が国庫から還付される仕組みとなっている。そして私も知らなかったが、商社の中でも住友商事と双日が日本からの金輸出の多くを担っているという。そこに、財務省が圧力をかけたというのだ。

海外からの密輸入を食い止めることには限界があり、いくら取り締まってもイタチごっこの様相だ。一方、国内需要は五〇～六〇トン程度で簡単には増えない。しかし余剰分の金が日本から出て行くのは数社の商社を通じてである。となれば、出口を絞ればやがて金は飽和する。そして、買い手がいなくなれば密輸も減るという算段である。

実際、住友商事では財務省が副社長と直々にやり取りしたという（『選択』二〇一八年一二月号）。ある金業者の話では、経済産業省からも圧力があったらしいということだ。最初は、「こんなに大量の金取引が来るというのは普通なのか？」という、ある種問い合わせのようなことだったというが、事態が進むにつれてどんどんと問い合わせが増え、やがて財務省も絡めた「忖度」にステージが進んだということだ。

この業者もこうした当局の対応が適法かを確認したそうだが、弁護士によれば明らかに違法であるとのことだ。銀行での話と同じで、「統計的に密輸金である蓋然性《がいぜんせい》は高いが、証明されているわけではない」ことから、それによって取引を制限することは明らかに商社のビジネスを阻害している。

ただ、国益の観点で考えると当局側の「やむにやまれぬ」事情はわからないでもない。また、間接的にではあるが、国庫に損失を与えて金輸出による利益を得ている商社を、「証拠がない」ことをいいことに野放しにしておくわけには行かぬ、という矜持もあったろう。

実際には、当局と商社の間では相当なつばぜり合いもあったらしいが、現状では商社が金の買い取りを著しく絞り込んでいるため、市井の金業者も売り先がなくなり、金の買い取りを事実上あきらめている状況だという。まさに、当局の思惑通りの展開となっているのだ。

果たして、市井の買取業者がどれほどのインパクトを受けたのか。それを知るため、ある業者（ただしこの業者は一般個人ではなく、個人などを相手にする中小事業者からの買い取りを行なうB to B〈Business to Business：企業同士の取引〉が専業）に情報開示を依頼したところ、取引量についてのデータを提供してもらえた。

大まかにではあるが、この業者の取扱高推移は二〇一五年が月二～三トン、二〇一六年が月五トン前後で推移していたが、一七年は月六～七トン、さらにピークとなる一八年には月一〇トン以上を扱うまでに増えたという。多い時には、一日一トン（金額にして五〇～六〇億円）という日もあったというから驚きだ。

そして、二〇一八年のある日、当局の「無言の指導」によって、銀行、商社での強硬な買取規制が出た直後からいきなり取引が激減した。その下落幅を大まかに見ると、なんと二〇分の一程度にまでなったというから驚きだ。たとえとして適切かどうか議論はあるが、一九二九年の世界恐慌時にはアメリカの株価は八分の一にまで暴落し、金融市場は阿鼻叫喚の地獄絵図となった。しかし、この金取引規制は恐慌の暴落をはるかに上回る減少幅である。もはや、事業としては「壊滅的」というレベルだろう。

そんな状態の買取業者にも、当局から直々に「指導」ならぬ聴き取りがあったという。ただその内容は意外なもので、「買うな」という直接的なものではなく、来るのは某《なにがし》という顧客の取引履歴がどうかとか、どういう人が来たかなどが聞かれるだけだったという。さらに、今まで通り金の買い取りはやってほしいとまで言われたそうだ。どうやら、突然買い取りをやめると密輸業者を捕まえられなくなるので、泳がせてほしいという意味らしい。

「書類も確認も十分過ぎるほどやっていますね。今まで通り買い続けてOKです。御社は罰せられませんよ」などと言われたそうだが、業者にしてみれば「何を白々しい！」という気分だったろう。何しろ、この業者が金の買い取りを続けても、その後持ち込む商社ではまず間違いなく買い取ってくれないわけだ。

そうなれば、いくらまとも（そうに見える）な人たちから金の買い取りをしても、自社の在庫をダブつかせるだけになってしまう。当然、業者としても買い取りに応じることなど、できようはずがないのだ。

金の買い取りはどうなっているか？

では、現在の金の買い取りの状況はどうなっているのか。前出の業者では現在でも少量の買い取りビジネスは行なっているが、これは商社ではなく金の精

ある業者の金地金買取量推移

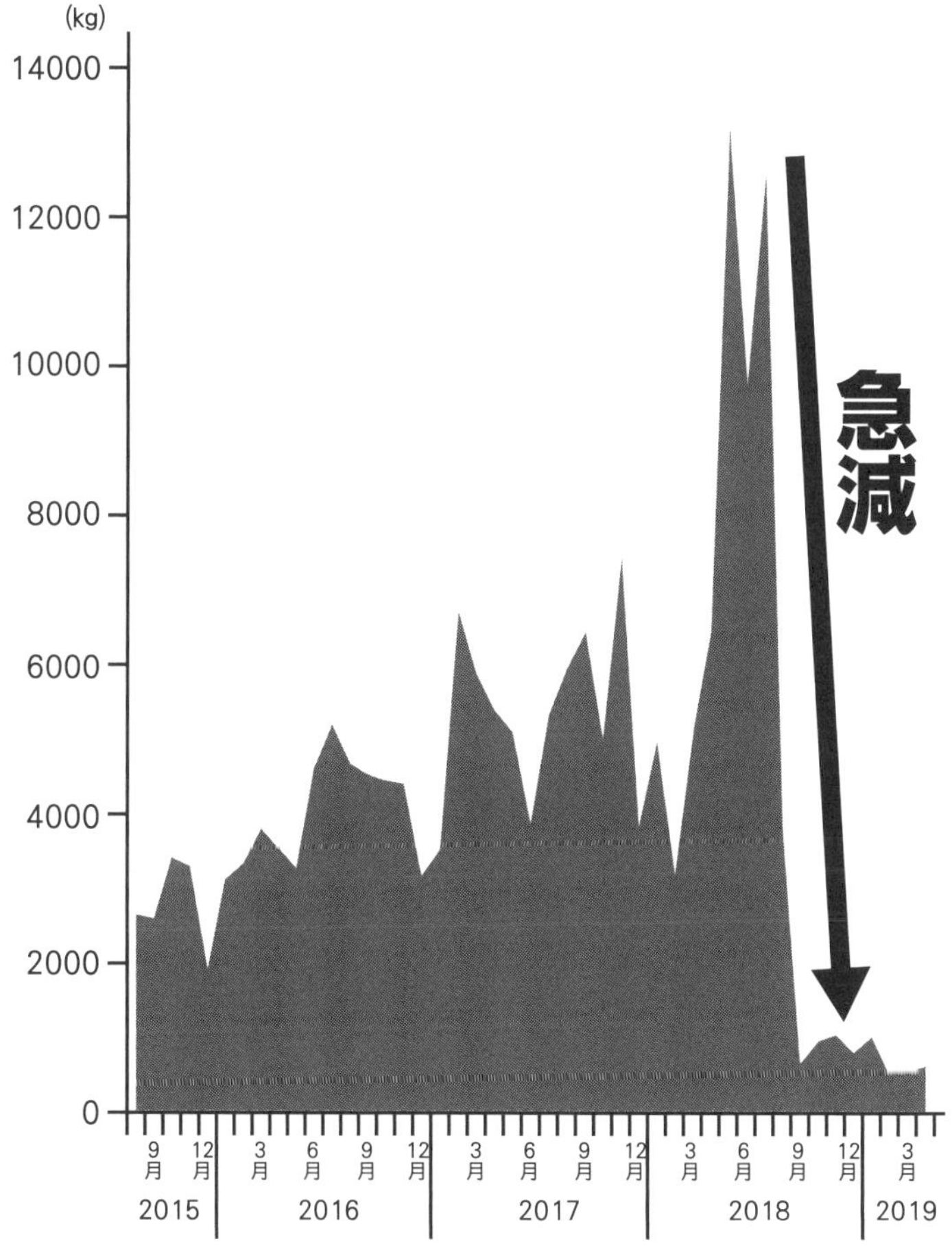

錬会社が買い取る分がほとんどだという。密輸激増前の需給水準に照らして、常識的に妥当と思われる量については買い取ってくれるとのことだ。

海外刻印がついている金地金は、この業者に限らずどこに持ち込んでも一切買い取らない状況が今でも続いている。日本国内で見る海外刻印の金地金と言えば、UBS（スイスの最大の銀行）やSBC（スイス銀行）、CS（クレディスイス）などだが、これらも一切買い取りに応じないし、消費税増税後に激増したパース・ミントやランド・リファイナリーに至っては、密輸の可能性が極めて高いため、何が何でも絶対に買い取らないそうだ。

また、地金以外でも規制はかかる。国内大手どころでは、装飾品などに加工されたものなども一〇〇グラムまでは買い取りに応じるそうだが、それ以上のものは応相談としている。おそらく、宝飾品などで数キロ単位におよぶようなものは、原則お断わりということのようだ。モグリの質屋などであれば、相当不利なレートでなら買い取るかもしれないが、まともな業者はどこも同様の対応を取るはず、とのことだ。

では、国内刻印なら万全なのかと言えば、実はそうでもないという。実は、国内ブランドの刻印のものでも、一度海外に輸出されたものが密輸で日本国内に再輸入されているものがあるというのだ。日本のブランドの地金が輸出されると、通常は工業用途や宝飾加工用途など「材料」として消費されるなどし、そのままの形で日本に戻ってくることは極めてまれだという。しかし、中には消費税のサヤ取りを目的として密輸されるものも出てきているというのだ。

金地金には各社とも刻印を打っているが、これには通し番号が振られていて、どこにどう流れたかをある程度追跡できる。これを「トレーサビリティ」と言うが、商社経由で輸出された地金は当然その番号が管理されているため、海外に出たはずの金が日本で買い取られているというのは一発でばれてしまうのだ。

海外刻印の金の買い取りが規制されるのに伴って、それを潜り抜けるための「偽造」も出始めているという。業者の中では有名な話で、「双子の金」というものがあるそうだ。つまり、あるブランドの同一番号の金が二つ見つかったというものだ。通常、金のニセモノと言えば別の材料を金に似せるとか、混ぜ物をするとか「金自体を偽装する手口」を思い浮かべるが、中身は完全な純金で「刻印だけ偽造するという手口」が登場しているということだ。摩訶不思議な話だが、日本固有の事情（純金に消費税がかかる）に端を発していると考えると、なるほどと首肯せざるを得ない。この「刻印偽造」の中にはずさんな例もあり、なんとおなじバーに刻印が二重に打たれているものもあったそうだ。

こうした状況に、すでに業者も対抗措置を出している。たとえばA社では、海外刻印はおろか国内他社のブランドも買い取りをせず、自社刻印のみを買い取りとしている。また、B社は自社のバーをトレースしており、一回海外に出たものは買わないそうだ。また、前述の商社も金を一切買わないわけではなく、国内の精錬会社が出しているその会社のブランドのものだけは買う。たとえば、C社という精錬会社が作ったバーを前述の買取業者が持って行っても大手商社等は買わないが、もしC社が持って行けば買ってくれるということだ。精錬会社が精査し精錬したものについては、密輸激増前の商流で循環しているものとみなして取引しているということのようだ。

また、たとえば国内ブランドの地金であっても、一本なら普通に買うが何本もになると証書がないとＮＧを出す業者も多いという。国内ブランドの金地金を何本も持っている場合、証書の有無は極めて重要との業者の言だが、証書をきちんと保管している方は存外に少ないという。もし、あなたがそれなりの量の金を持っている場合、証書のありかや購入時の記録などをきちんと整理・保管しておくことは極めて重要だ。

押収された金のゆくえ

少々わき道にそれるが、税関などで押収された金はどのようになるのだろうか。ほとんどの場合、罰金と税金を払って「正規輸入」したとみなされ、本人に返却されるそうだ。ただ、返してもらえたからよいかと言えばそうではない。税金を払うため売却してもサヤは取れない上、罰金も払っているため結局は損になっているということだ。〝悪いことはできない〟ということだ。

さらに、組織的に密輸し莫大な量であったり、手口が悪質であると刑事事件となり、金が没収されることもある。没収された金は当局が業者に買取依頼することもあるそうだが、現状では前述のような状況でありどこも買い取らないという。結局、最終的には入札にかけられ、そのお金は国庫に入ることになる。

なお、没収金を応札する業者は少なく、田中貴金属と日本マテリアルがほとんどだという。田中貴金属は自社の買取価格より若干高く応札するそうだが、彼らはロンドンの金価格を基本に商売しており、日本の買取価格はそれよりかなり安く設定しているそうだ。そのため、国内買取価格より高く、ロンドンよりは安い価格で応札し、最終的にはロンドンと同じ価格で流通させるため利ザヤを取れるのだそうだ。

もちろん、これは金の本来の商流ではなく、金騒動の「徒花《あだばな》」のようなものと言えるだろう。

今後のゆくえ

さて、ここまで「令和の金騒動」についていろいろと見てきたが、金が自由に売れない状況はどうなるのだろうか。これも業界に詳しい業者の方に尋ねてみたが、残念ながら色よい返事を聞くことはできなかった。つまり、当面は現在の規制がかかった状況は変わらないようなのだ。

どういうことかと言うと、当局としては二〇一八年の「指導」以降、輸出が激減しこれによって密輸も抑制できたと認識している。つまり、効果がてきめんに出ているため、これ以上の締め付けはしないということだ。だた、規制の手を緩めることはせず、当面はその効果を維持する心づもりということなのである。また業界関係者の間でも、少なくとも五輪終了までは間違いなく現状の規制が継続されるという見立てが主流という。

ただ、当局が現状の抑止状況を中長期的によしとしているわけではないとのことだ。現在の「指導」ベースでは、密輸金のみならず正規に購入したはずのまともな金の流通にも支障が出ていて、国内の貴金属マーケットに行く行く悪影響をおよぼす懸念がある。当局は当然そのことを認識しており、何らかの取引ガイドラインを作って、密輸金を阻害すると共に正規品はまともな取引ができるようにはしたいと考えているという。

しかしながら、プロの人たちに聞いても「そんなガイドライン本当に作れるのか?」とかなり懐疑的であるそうだ。元々この問題は、純金に消費税を掛けるという、国際的な金取引の慣習上からは「異質なこと」をやっているがゆえに起きる構造問題なのだが、様々なしがらみから純金を非課税にすることはすぐには難しい。

その一方で、密輸金と正規金を見分ける方法についても、現状では決定的な手立てがない。適切な方法がないからこそ、今回「指導」による圧力で抑止する他なかったわけで、時間が経ったからと言ってそんな都合のいいガイドラインが作れるわけではない。となると、なんやかやと言って現状の「金が売れない」状況が、なし崩し的に維持される可能性は高いと見た方がよいだろう。

もし、あなたが海外刻印の金地金や海外で買ってきた金細工・宝飾品などを大量に資産として持っているなら、国内で換金することはかなり悲観的だと考えざるを得ないだろう。もし、近々に換金する必要がある場合、対処法としては今一度海外に行ってまともな業者に買い取りを依頼するぐらいしか方法はないかもしれない。

「令和の金騒動」に何を学ぶか

本章を通じて、と言うより本書の中で私がもっともお伝えしたかったのは、この「金騒動」に見え隠れする本質的な問題である。

今回の事件では、たとえ人類永遠の資産「金」を持っていたとしても、しかもそれが確かな素性のホンモノであっても、お上が「まかりならぬ」と布令すれば誰も買ってくれなくなり、実質的に無価値になるということが本当に起きたということだ。それは私たちにとっては寝耳に水の大事件だったが、しかしよくよく考えてみれば、それは今まで「ホンモノの金であれば資産価値は絶対維持される」という平成までの常識を当然のことと信じ過ぎていた私たちへの警鐘とも言えるものだ。

国家とは、国民の財産をも事実上無価値として扱えるほどの力を持っているということ、そしてそれを踏まえた資産防衛を考える必要があるということだ。今一度、私たちに染み付いた「常識」という名の偏見や思い込みを捨て去り、正しい情報から正しい知恵を再構築して行くことが肝要だ。

そこで、次章からは有史以来数千年にわたる金と人間、そして国家との関係をひも解き、そこから得られる本当に正しい「金による資産防衛法」を導き出して行きたいと思う。

新元号の令和には、「令＝よい」という漢字が使われているが、これにはもう一つ「令＝命令」の意味もある。「令和」の時代とは、「和のために（命）令する」と読み解きすることもできるだろう。奇しくも、金密輸とそれをねじ伏せるための一連の当局の「指導」は「和のために命令する」を地で行く話となってしまった。となれば、これから何十年か続くだろう令和の世は、そうした「命令」や「指導」で溢れる時代になって行くかもしれない。

私たちはそうした時代を生き抜くために、改めて知識の再武装を行なう必要があるだろう。金への正しい理解を深め、令和時代に適切な資産防衛の知恵を身に付けるために次章以降をじっくりお読みいただき、活用していただきたい。

第二章　国家による恐ろしい統制

ダントツで多数の大統領令を濫発したF・ルーズベルト

「アメリカ・ファースト」のトランプ米大統領が、二〇一九年七月一五日、公共事業でアメリカ製品の使用を求める「バイ・アメリカン」法の運用強化を指示する大統領令に署名した。「大統領は、公約に掲げるインフラ投資計画に関連して『米国の製品を使えば、利益をもたらし、最も重要な雇用拡大にもつながる』と強調。また鉄鋼製品などを米国産と認める基準について、国産原材料の使用率を『五〇%から九五%へ引き上げる』ことなども提案した」（時事ドットコム二〇一九年七月一六日付）。

七月二六日には、やはり大統領令で米通商代表部（USTR）に次のように命じた。中国をはじめ韓国・メキシコ・シンガポールといった国々が世界貿易機関（WTO）に「発展途上国」と申告し、優遇措置を受けているのは不当であるから、WTOの制度改革を加速させるようにと。

日本では到底考えられない政策を、議会を飛び越えて現実のものとする大統領令。トランプ大統領は、就任直後から数々の大統領令を発令して世界を驚かせてきた。メキシコ国境の壁の建設、ＴＰＰ（環太平洋経済連携協定）からの離脱、イラン・イラク・リビアなどの中東イスラム圏からの渡航者入国禁止……外から見ていると〝何でもあり〟のように見える米大統領令だが、どのような性格を持っているのだろうか？

大統領令とは、行政府の長である大統領が軍を含む連邦政府機関に対して発する行政命令を指す。行政命令であるから、先に見たＷＴＯ改革に関する大統領令がＵＳＴＲに下されたように、その効力は連邦政府内に留まるとされる。ただし、今まで見てきた例からもおわかりいただけるように、大統領令には議会承認は必要ない。しかも、議会が成立させる法律とほぼ同等の効力を持つ。その法的根拠は、合衆国憲法第二章第一条の「執行権」にあり、大統領がすぐに政策を実行できるという意味では強力な武器であると言える。

さて、大統領令を濫発《らんぱつ》するように見えるトランプ大統領だが、一体どれくらい発令しているのだろうか？　二〇一七年が五五回、二〇一八年が三七回である。「そんなに出してるんだ」と思われた読者が多いだろうが、実は必ずしも多いとは言えない。トランプ大統領の前三代の大統領は、いずれも二期務めているが、前任のオバマ大統領は計二七六回、その前のG・W・ブッシュ大統領は二九一回、その前のクリントン大統領に至っては三六四回も大統領令を発令している。年平均にすると、四五・五回にもなる。

しかし、これでも歴代大統領の中では決して多いとは言えない。歴代大統領の中でもっとも大統領令を発令したのは、第三二代大統領のフランクリン・ルーズベルト（以下、F・ルーズベルト）で、発令回数は実に三七二八回だ。三期一二年という長期政権だったとはいえ、年平均でも三一〇・六回と歴代大統領の中で飛び抜けて多いのだ。だから「大統領令」を調べてみると、たとえば『知恵蔵』では次のように書かれている――「歴代の米大統領で最も多く大統領令を発したのは、フランクリン・ルーズベルト大統領で、その数は第二次世界大戦時の日系人の強制収容（傍点編集部）など在任一二年間に三〇〇〇を超す」。

人種差別と戦時ヒステリーが日系人強制収容という失政を生んだ

さて、前ページの傍点部分に私たち日本人にとっては気にかかる表現が記されている――「日系人の強制収容」。実はこのＦ・ルーズベルト、トランプ大統領とかなり似たところがある人物であったようだ。もっとも似通っているのは、極端な人種差別主義者であったことだ。

日系人の強制収容を命じた大統領令は、「大統領令九〇六六号」。それがどのようなものであったのか、全米日系人博物館のホームページから引用しよう。

第二次世界大戦中、一二万三一三人の日系アメリカ人がアメリカ政府によって強制収容所に送られた。かれらの大半は戦時転住局が管理する一〇ヶ所の強制収容所に入れられ、のこりの人々は司法省やそのほかの政府機関が管理する収容所や拘置所に入れられた。

日米開戦の翌年一九四二年に、アメリカ西海岸とハワイの一部の地域にすむ日系アメリカ人たちは、その七割がアメリカ生まれの二世で市民権を持っていたにもかかわらず、強制的に立ち退きを命ぜられた。なんの補償も得られないまま、かれらは家や会社を安値で売り渡さなければならず、中にはすべての財産を失ってしまった人もいた。

日系アメリカ人が国家の安全保障の脅威になるという口実のもと、フランクリン・ルーズベルト大統領は大統領行政命令九〇六六号に署名し、陸軍省に、地域を指定しその地域内のいかなる人にも強制立ち退きを命じる権限をあたえてしまったのである。

それから四〇年後の一九八二年、「戦時市民転住収容に関する委員会」（引用者注：第三九代カーター大統領が設置）は、「大統領行政命令九〇六六号は軍事的必要性によって正当化できるものではない。あらためて歴史的にその原因をさぐれば、それは人種差別であり、戦時

ヒステリーであり、政治指導者の失政であった」と、ようやく結論したのである。（全米日系人博物館のホームページ）

強制収容所送りにし、すべての財産を収奪する――いかにトランプ大統領がイランを敵視しても、在米イラン人に対してこんな措置を取るように命ずる大統領令を出すことなど絶対にないであろう。私たちは強制収容所といえばナチス・ドイツを思い出すが、当時のアメリカ大統領Ｆ・ルーズベルトもそれに匹敵するような人種差別、戦時ヒステリーによる失政を犯していたのである。

国家が金を没収した後、金価格をつり上げる

しかし、Ｆ・ルーズベルトの失政により財産を収奪されたのは、日系人だけではなかった。普通のアメリカ人も奪われたのだ。ただし、奪われたのはある種の資産だけ。そのある種の資産とは何か。それこそ、金《きん》（ゴールド）である。

一九三三年四月五日、F・ルーズベルト大統領は、「大統領令六一〇二号」を発令した。この大統領令の冒頭で、F・ルーズベルトは「国家非常事態」が継続していることを宣言した上で、次のように命じたのだ。「金貨・金地金・金証書を、個人・共同・協会・企業によって米国内で保有することを禁止する」。アメリカ国民は、個人も企業も団体も、金の保有を禁じられたのである。

「国家非常事態」とは、一九二九年一〇月二四日に起きた「ブラック・サーズデー」（暗黒の木曜日）、ニューヨーク株式市場の大暴落と、それに続く一九三一年からの世界大恐慌を指す。確かに当時アメリカ経済（アメリカだけではないが）は、大変な状況にあった。何か手を打とうにも国の財政資金がない。そこで、民間の資産を国が収奪することを謀《はか》ったのだ。

さてこの時、民間が保有していた金はどうなったかというと、政府が買い取ったのだ。ただし、政府の「言い値」でである。この時の買い取り（交換）価格は、一トロイオンス（三一・一グラム）あたり二〇・六七ドル。

ところが、である。国民から金を買い取ってから約半年後の一九三三年一〇月二五日から、大統領は復興金融会社に国内産金の買い上げを命じた。そして、買い上げ価格を毎日少しずつつり上げて行った。一一月二日からは連邦準備銀行に海外からの金の買い上げを実施させた。こちらも毎日、買い上げ価格をつり上げて行った。そして、翌一九三四年一月三一日に公布された「金準備法」では、一トロイオンス＝三五ドルという新しい金価格が定められたのだ。

金の価値は高まり、ドルの価値は大幅に減価した。強制的に金とドルを交換させられた国民の側からすれば、ドルの価値は四一％も下落したといえる。これは、国家が国民の財産を収奪したのも同然である（ちなみにアメリカで金保有が認められるようになったのはその約四〇年後、一九七一年のニクソン・ショック〈米ドルと金との兌換停止〉から三年後の七四年一二月三一日と、つい四五年前のことである）。

日系人が凍結された預金は、戦後一%の金額に

実はF・ルーズベルトと米政府はこれと似たようなやり口での収奪を、日系人に対してはもっと極端な形で行なっている。それは、強制収容前年の一九四一年に下された金融凍結令と戦後における「資金返却処理」のことだ。

この金融凍結は、F・ルーズベルトが日本を戦争に追い詰める決定打になったとも言えるものだった。米歴史家エドワード・ミラーは、著書『日本経済を殲滅せよ』（新潮社）の中で、次のように述べている。

これまで歴史家は、石油の事実上の禁輸措置が最も手酷い制裁だったと強調してきた。（中略）しかし、一九四一年七月二五日（正式発表は現地時間二十六日）にアメリカが取った在米日本資産の凍結措置は、単なる禁輸を超えていた。フランクリン・D・ルーズヴェルト大統領

が一九一七年成立の曖昧模糊とした法律、「対敵通商法」を引っ張り出して実施した措置は、日本が苦心の末に積み重ねてきた外貨準備を根底から突き崩すものであった。（中略）一九四一年七月二十五日時点では、日本は十分な流動資産を保有していた。アメリカの銀行に預けたドルと、本国の金庫室に眠る金地金《きんじがね》などの資産があったため、死活的な物資を輸入し、比較的小規模だった対外債務の利子を支払うこともできた。（中略）けれども、七月二十六日（公式発表日）、一本のペンが日本の流動資産を凍結させた。この資産凍結ゆえに、日本は世界から経済的に孤立し、現有あるいは将来的に得られるはずの金融資産も、すべて無価値と化した。

（エドワード・ミラー『日本経済を殲滅せよ』新潮社刊）

この金融凍結令は、「大統領令八八三二号」である。イギリス・蘭印もアメリカに続いた（注：「蘭印」とはオランダ領東インドのことで、現在のインドネ

シアに相当する。戦後の一九四九年までオランダが支配していた）。当時すでにわが国の貿易決済はほぼ米ドルであったが、米ドルのみならずポンドなども含め、日本は国際的な貿易決済がほぼ不可能な状態に追い込まれた。

そして、アメリカの銀行にあった日系人の預金も凍結された。「金融資産」は「無価値と化した」のだ。

戦後、カリフォルニアにあった日本の銀行、主に横浜正金銀行の支店に預けていた人たちは、総額一〇〇〇万ドルの預金の返還請求を行なった。米国在留外国人資産保管局の決定は次のようなものだった。「各銀行が円で帳簿に付けていた金額を、戦後の一ドル＝三六〇円の交換レートで計算した金額（ドル）で返却すべきである」。戦前のレートは一ドル＝四・三円であったから、返ってきたのは本来の預金額の一％程度に過ぎなかったのである。

国家とは、時にかくも残酷に財産を収奪するものなのだ（その後、これを不服とする日系人は合衆国相手に提訴し、戦後二〇年以上経った一九六七年、最高裁で勝訴した）。

ＧＨＱによる「戦時補償打ち切り」と「預金切り捨て」

さて、本章のタイトルは「国家による恐ろしい統制」である。国家が強力な統制により国民から収奪した例といえば、やはり敗戦直後のわが国についても触れておかねばならないだろう。

一九四六年（昭和二一年）二月一七日、「金融緊急措置令」が公布された。先の大統領令にならえば「勅令第八三号」（ちなみに勅令は、昭和二二年まで発令された）。敗戦後の物価上昇を抑制するために出された〝緊急勅令〟である。同令とほぼ同時期に「日銀券預入令」「臨時財産調査令」「食料緊急措置令」「物価統制令」などが公布・施行され、預金封鎖・新円切換・財産税徴収などが行なわれた。

この中で、「預金封鎖」が響きとしてはもっともおどろおどろしいが、引き出しが完全にできなくされたのではない。ひと月当たり、世帯主で三〇〇円、世帯員は一人各一〇〇円引き出し可能とされた。これがどのくらいに当たるかと言うと、一九四六年の国家公務員大卒初任給が五四〇円であり、それを元に現在の貨幣価値に換算すると、世帯主が一二万円くらい、世帯員が一人各四万円くらいであろうか。だから実際は、当時の多くの国民がなんとか許容できるレベルだったと考えてよいだろう。

では、そもそもなぜ預金封鎖がなされたかというと、翌三月公布された「物価統制令」と共に、進行するインフレを抑制するための措置であった。つまり、出回るお金の量を抑え、物価そのものも抑えようという狙いである（しかし、焦土と化した当時の日本においては絶対的にモノがないのだから、これでインフレが収まりはしなかったが）。

さてこの預金封鎖だが、一九四六年七月～八月にかけてその性格を一変させる。その時、何が行なわれたのか？――「戦時補償債務の切り捨て」と「封鎖預金の分割」そして「預金の切り捨て」である。この中で最後の「預金の切り捨て」、これはどう考えても看過できない話であるが、まず順を追って戦時補償債務とは何かからご説明しよう。

日本政府は戦時中、戦争遂行のための軍需品の購入などを通じて多くの企業に多額の債務を負った。これは、政府による民間企業に対する債務（支払い義務）だから、当然補償されていた。これを「戦時補償債務」と言う。一方、政府に多額の債権を持つこれら企業は、経営資金を主として銀行からの借入金に依存していた。

終戦直後、日本政府は戦時補償債務の返済を当然履行する方針であった。その資金を元にして企業を軍需から民需に転換させ、生産拡大を図ろうと考えたのである。しかし、それに「ＮＯ」を突き付けたのが占領軍、ＧＨＱ（連合国軍最高司令官総司令部）であった。ＧＨＱは、戦争に関わった企業に懲罰を課すという意味で、戦時補償債務の支払いを認めなかった。その結果、戦時補償は打ち切られ、補償打ち切り額の合計は、政府補償社債元利金の失効額などを合わせて九一八億円に達した。

この金額は一九四六年の日本の名目ＧＮＰの二割近くにも相当するもので

あったので、経済・金融に対する打撃は甚大であった。補償を打ち切られた企業にしてみれば、政府補償で入ってくるはずのお金が突然踏み倒されたわけで、当然銀行への返済能力を失う。これら企業に貸し出しを行なっていた銀行側にしてみると、今まで優良大手企業向けの債権だったものが、一転して莫大な不良債権となってしまったのである。

そこで行なわれたのが、封鎖預金の分割である。預金は一般庶民の小口預金（原則一口三〇〇〇円未満）を意味する第一封鎖預金と大口預金の第二封鎖預金に分割された。そして、それに対応する銀行の資産は、第一封鎖預金には健全な資産が、第二封鎖預金には前述した戦時補償対象とされていた企業向け債権（多くが不良債権）が充てられた。

そうなれば、第二封鎖預金は裏付けとなる資産の多くが不良債権なのだから、守られるはずがない。事実、第二封鎖預金の多くは切り捨てられた。切り捨て率は、当時最大の都市銀行であった帝国銀行（現在の三井住友銀行）で七六％にも達した。第二封鎖預金は、四分の一になってしまったのである。

つまり、「預金封鎖」にしても「預金切り捨て」にしても、それにより損害をこうむるターゲットとされたのは、大口預金者（＝資産家）だったのである。

「財産税」は、資産家を軒並み没落させた

実は、「財産税」も完全に資産家を狙い撃ちにしたものであった。財産税の作成に当たったＧＨＱ（連合国軍最高司令官総司令部）財政顧問のレオ・チャーンは「財産税は国民財産の再分配を目的とする」と述べている。「国民財産の再分配」――持てる者から取って、持たぬ者に配る社会主義的政策と言えよう。

数字で確認してみよう。「財産税等収入金特別会計」が設置されていた一九五一年度（昭和二六年度）までの納税者数は四八万世帯、納税義務のある同居家族を加えれば二一七万人。当時の日本の人口は約八〇〇〇万人だから、財産税の納税対象者は人口の約二・七％に過ぎない。しかも、財産税納税対象者のうちわずか二％を占めるに過ぎない課税財産価格一〇〇〇万円超の階層が財産税額

全体の四〇％をも負担していたのだ。

つまり、国民の二・七％の中のさらにその二％（〇・〇五四％）の超富裕層が、財産税の四〇％も負担していたということである。

このように、わが国の戦後における「預金封鎖」や「財産税」は、資産家に甚大な影響を与え、没落させた。それを描いた有名な小説がある。太宰治の『斜陽』である。この作品は、戦後没落して行く元華族の姿を描いたものだ。

その『斜陽』の主人公の母の台詞に、こんな言葉がある。「叔父さまのお話では、もう私たちのお金が、なんにも無くなってしまったんだって。貯金の封鎖だの、財産税だので、もう叔父さまも、これまでのように私たちにお金を送ってよこす事がめんどうになったのだそうです」――太宰の生家・津軽の金木村の津島家は、戦前「金木の殿様」と呼ばれるほどの名家であった。それが実際、「預金封鎖」「財産税」によって「お金が、なんにも無くなってしまった」。それが、太宰治の実体験だったのである。

国民から収奪する国家の二つの特徴

　ここまで国家による国民からの収奪の歴史を見てきて、一つ明確に学べることがある。それは、国家による収奪の対象者は〝資産家、持てる者〟であるということだ。いつの時代も資産家は少数派だ。国家が危機的自体に瀕した時、圧倒的多数を占める一般国民を怒らせてはいけない。近代国家でそんなことをすれば、政府は転覆してしまうだろう。だから収奪の対象者とされるのは、収奪できる財産を持っている少数者＝資産家になるのだ。

　実はＦ・ルーズベルトが命じた金の拠出にも、例外が設けられていた。一般国民が持つことを許された金はあったのだ。その一つは特別な価値を持つ稀少コイン。もう一つは、一〇〇ドル相当の金（五トロイオンス）。今の価値で八〇万円くらいであろうか。つまり、一般庶民が保有しているような金はそのままＯＫだったのだ。

もう一つ、学ばねばならないことがある。それは、このような収奪は国家が経済・財政的に極めて苛酷な状況にあり、政府が国家管理を厳しくし社会主義化・独裁化した時に断行されるということだ。そういう時には、自由や民主主義、財産権などより国家管理が優先される。

F・ルーズベルトとほぼ同じ時代に米下院議員を長く務めたハミルトン・フィッシュは、その著『ルーズベルトの開戦責任』（草思社、原書はアメリカで一九七六年発刊）の中で、F・ルーズベルト（この本の中では「FDR」と略されている）の政策を次のように批判している。

一九三二年のFDRの選挙公約を記憶しているものは今ではほとんどいない。しかし私のようにまだ生きているものは、彼の選挙公約をしっかりと覚えている。彼がその約束を反故《ほご》にして、巨額の政府支出を実施させ、アメリカ社会に社会主義国のような組織を次々と作り上げたことを知っている。それを思い出すたびに、みな呆れ果ててしま

う。国家管理の厳しい（社会主義の）国にはしない、そう規定する民主党綱領を守ると約束した。しかしＦＤＲは政権第一期からそれを反故にした。（中略）

民主党は連邦政府に権限が集中することを嫌う伝統があった。彼はそれを踏襲したはずであった。しかし結局はそれに反して中央集権的な政府機関を次々に設置した。

（ハミルトン・フィッシュ『ルーズベルトの開戦責任』草思社刊）

Ｆ・ルーズベルトが大統領に就任した一九三三年は大恐慌時代。一九二九年から三二年にかけて、アメリカの工業生産は五〇％近く下落、実質ＧＮＰは三五％以上下落。失業率は三三年には二四・九％にまで達した。確かに「国家非常事態」と言えよう。

日本の敗戦直後に関しては言うまでもないであろう。ヤミ米を所持していて検挙・起訴された被告人の事案を担当していた裁判官が、それを取り締まる自分がヤミ米を食べていてはいけないのではないかという思いから自らヤミ米を拒否し、その結果、餓死に至った。そんな極貧の時代である。

そういう時代に政府は、厳しい国家管理、中央集権化、社会主義化に走りがちになる。国家があらゆる分野を管理し、強権を振るう。そうせざるを得ない。そういう時代もあったのだ。

ただし、「そういう時代もあった」で終わらせるわけには行かない。なぜなら、このような国家・政権は、二一世紀、令和の時代の今も存在するからだ。

独裁政権に背けば地獄、媚びれば天国

私が近著『国家破産ベネズエラ突撃取材——1000万%のハイパーインフレ』(第二海援隊刊)でレポートした国、南米のベネズエラはその典型だ。

ベネズエラは今、マドゥロ大統領の独裁社会主義政権の下で、経済は完全に破壊され、インフレ率は年一〇〇〇万%に達するという。四〇〇〇万人を超える

国民が国外に脱出した。

この独裁社会主義政権の始まりは一九九九年、ウゴ・チャベスが大統領に選任されたところから始まる。元々は軍人で最初はクーデターを図ったチャベスは、貧困層から絶大な支持を受けて当選した。大統領に就任すると、自らへの権限集中と政治の軍人化、そして社会主義化政策を推し進めた。

軍人による社会主義化政策がそううまく行くはずもない。二〇一三年、チャベスの病死後、跡を継いだのが現大統領のマドゥロであるが、二〇一四年秋以降、経済の命綱である原油価格が一気に崩れ始める。そこからベネズエラ経済は、破滅への坂道を転がり落ちて行った。

多くの国民の生活は破壊された。しかし、独裁政権になびく者は甘い汁を吸うことができるし、反対する者は容赦なく弾圧される。先の拙著では、ベネズエラ人と結婚しベネズエラで三八年間暮らし、ついに耐え切れず日本に帰国した日本人、小谷孝子さんの手記を掲載している。そこから一部抜粋しよう。

二〇〇四年、夫は大統領罷免選挙にサインした。しかし、その署名リストが政府の手にわたってからは四方八方から囲まれ、やること成すことすべて潰され、仕事が一切入らなくなった。もがけばもがくほど締め付けられる網の中にいたのである。完了した仕事の代金も支払ってもらえず、逆に不遂行と起訴されたこともある。（中略）

知り合いのお手伝いさんは政府にとても批判的だったが、大勢の子を抱え亭主に捨てられると、食糧を配布する政府に寝返った。笑顔で機関銃を抱えている写真をネットで見た時は、目を疑った。食糧や医薬品をもらうにも政府の電子カードが必要で、政府支持者を優遇すると批判されているが、子供がひもじい思いをしたり、慢性病やガン患者の家族が生きるか死ぬかというなら、私も同じことをしたかもしれない。（『国家破産ベネズエラ突撃取材

——1000万%のハイパーインフレ』第二海援隊刊）

独裁国家にあっては、言論の自由などもちろんない。政府批判が知られたら容赦なく苛酷な弾圧が待っている。良心に背いて弾圧する方に回れば、食糧や医薬品の配給にあずかれる。こんな国家が今もこの地球上に存在するのである。

こう書いても、おそらく大半の日本人はベネズエラの地理的位置すら知らないであろうし、遠い国の極端な事例のようにしか感じられないのではなかろうか。しかし、そんなに安穏としている場合ではない。国家による怖ろしい統制は、私たち日本人の足下にも忍び寄ってきているのだ。

キャッシュレス決済の奥にある中国共産党による恐るべき情報収集

今、キャッシュレス決済が日本経済の一つの課題とされる。そして、キャッシュレス決済先進国の一つに数えられるのが中国だ。平成三〇年四月に出された経済産業省の「キャッシュレス・ビジョン」によれば、二〇一五年のわが国のキャッシュレス比率は一八・四％であるのに対し、中国は六〇・〇％。二〇一二年に二・三兆元（三六・八兆円）だった中国のモバイル決済額は、二〇一七年には約八八倍の二〇二・九兆元（三二四六・四兆円）にまで拡大した。今や、屋台や大道芸人への投げ銭もモバイル決済が当たり前だ。

なぜ、中国でモバイル決済が急速に普及したのか。中国の経済金融系重点大学である対外経済貿易大学教授の西村友作氏はこう答える。「一つはスマホで決済できないシーンが皆無と言えるほど実店舗でも普及したこと。もう一つがこの便利なツールが無料で使えること」（日経ビジネス二〇一九年二月一三日付）。「無料で便利」がキーワードだというのだ。

しかし、この「無料で便利」が実は要注意なのだ。確かに小銭を一枚、二枚と数えて払うのと、スマホをかざして払うのとでは、スマホでやった方が簡単・便利なのは間違いない。しかし、そこに落とし穴はないのか。二〇一九年一月一三日付日本経済新聞電子版は、「アリババ経済圏、異形の膨張続く　六億人の情報収集　日米しのぐスマホ社会、国家の影色濃く」と題する記事で、国家による情報収集の危険性に警鐘を鳴らしている。

中国のアリババ集団が築くスマートフォン（スマホ）経済圏が異形の膨張を遂げている。スマホ決済を軸に、通販や生鮮スーパー、金融、医療など、生活すべてをカバーするサービスを提供する。利便性の代償は個人情報だ。購買履歴や関心、生体認証など、膨大なデータの一部は当局にも流れる。データをかき集め米ＩＴ（情報技術）巨大企業を超える速度で成長するアリババだが、その繁栄は共産党一党支配と密接に絡み合う。

杭州市のケンタッキー・フライド・チキンの店舗。注文した女子学生がレジの端末をのぞきこむと、画面に「支払い完了」と表示された。顔認証で払える無人レジだ。

レジを開発したアリババは、顔などの生体データを抱える。それだけではない。購買履歴、学歴や資産、通院や投薬歴など、六億人の顧客情報を抱え込むことで、人工知能（ＡＩ）などの技術で世界の最先端を走る。
顧客も格付けする。評価システム「芝麻（ゴマ）信用」のスコアは、車の保有やカード支払い状況が良いと上がり、優遇が増える。就職やお見合いでも「スコアを参考にする」との声が出る。
まるで管理社会のようでも「アリババなしでは暮らせない」という人は増える一方だ。（中略）
当局の関心はアリババが持つ個人情報だ。中国人民銀行（中央銀行）は一八年六月、アリババや騰訊控股（テンセント）など全スマホ決済が経由するシステム「網聯」を稼働させた。「資金の流れのリアルタイムな監視に利する」（人民銀幹部）
アリババは公安当局と協力して街を監視する役割も担う。杭州市内四五〇〇台超のカメラ映像をＡＩで分析。火事や事件などを察知し、二〇〇〇人以上の警察官に指示を飛ばす。
海外から懸念されても中国企業が共産党を拒む選択肢はないだろう。

中国は企業や個人が当局の情報収集に協力するよう義務付けた「国家情報法」を一七年に定めた。（後略）

（日本経済新聞電子版二〇一九年一月一三日付）

単なる買い物データの話ではないのだ。顔から学歴・資産、さらに行動まで、すべての情報を国家＝中国共産党が一手に握り、公安当局ともつながっているのである。それればかりではない。記事のラストにある「国家情報法」――この法律について、政策研究大学院大学名誉教授の黒川清氏は「実に恐ろしい」と述べた上で、次のように続ける。「この第七条『いかなる組織及び個人も、国家の情報活動に協力する義務を有する』は想像を絶する。『いかなる個人も』というのは、中国籍の人（中略）は世界のどこにいても国家の法の下にある、だから広義のスパイ行為をすることも拒否できないのだ」（NEWS PICKS　二〇一八年一二月二〇日付記事のコメントより）。もちろん、急速に増え続けている在日中国人もその例に漏れない。彼らも中国という国家＝中国共産党の情報活動に協力しなければならないのだ。

こうして、すべての中国国民を使ってあらゆる人に関するあらゆる情報を国家＝中国共産党が一手に握り、統制に使うのである。

二〇一五年六月二九日、ギリシャ銀行閉鎖の衝撃！

二〇一五年六月二八日、私は滞在先のロンドン市内のホテルの一室で、秘書から届く大量の決裁文書や様々な経済情報や執筆中の原稿をチェックしていた。根を詰めた作業が一段落したので、ホテルのルームサービスでコーヒーを頼み、テレビをつけた。すると、ＣＮＮのキャスターが緊迫した表情で驚くべきニュースを伝えていた——「ギリシャ、二九日より銀行休止」。

ギリシャは、その放漫な財政運営をかねてから問題視されていた。たとえば、驚くべきことに公務員の数が正確には把握されていなかった（調査の結果、ギリシャの公務員数は約一〇〇万人であることが判明。これは全人口の一割、労働人口の四分の一に相当）。そして財政赤字が年度ベースで四％程度と公表していたのが、実際には約一三％もあり、累積赤字も一一〇％超であったことも発覚。この事態を受け、格付け機関は相次いでギリシャ国債の格付けを大幅に引き下げ、ギリシャ国債は暴落。二〇一一年末から二〇一二年にかけて、ギリシャの一〇年国債利回りは三〇％台に上昇した。これは、ギリシャという信用のない国に一〇年ローンでお金を貸すなら、金利は三〇％以上でなければ貸せないということだ。

その後、ＥＣＢ（欧州中央銀行）の緩和策などもあって信用危機は一時後退した。しかし、二〇一五年一月二五日に実施された総選挙の結果、「反緊縮」を掲げる急進左派連合（ＳＹＲＩＺＡ）が過半数近くの議席を獲得して第一党となり、同じく「反緊縮」を掲げる「独立ギリシャ人」党（ＡＮＥＬ：右派）と連立して、チプラスＳＹＲＩＺＡ党首を首班とする内閣が発足した。右も左も関係なく「反緊縮」で手を握る。昨今、民主主義諸国を覆う大衆迎合主義を象徴する政権の発足だ。

二〇一五年二月〜六月、チプラス政権はＥＵ等からの支援の条件となっていた財政緊縮策の撤廃などを求めて債権団側と交渉したが膠着状態が続いた後、決裂。債務不履行とユーロ離脱の危機に陥ったため、二〇一四年末から流出が続いていた銀行預金が更に大量に流出。資本規制が行なわれ、銀行は約三週間閉鎖、アテネ証券取引所は約九週間閉鎖されるに至った。

まさにその時、私はヨーロッパにいてその衝撃的なニュースを聞いたのだ。

右から左からギリシャ銀行閉鎖の責任者まで旗を振る「反緊縮」

私が日本が直面する危機として恐れているのは、この左右を問わない大衆迎合主義による財政破綻だ。拙著『恐慌と国家破産を大チャンスに変える！・』（第二海援隊刊）などでも解説しているが、安倍首相の周辺にいる、いわゆる保守派はすっかり社会主義者と化している。

それを象徴する出来事が、参議院選挙真っ只中の二〇一九年七月一六日にあった。衆議院第一議員会館内であるシンポジウムが開催されたのだ。このシンポジウムのテーマは「ＭＭＴが導く政策転換～現代貨幣理論と日本経済～」。この日のメインゲストスピーカーは、米ニューヨーク州立大学のステファニー・ケルトン教授。このケルトン教授、今注目の、あるいはお騒がせの学者で、現代貨幣理論（ＭＭＴ）の提唱者の一人だ。ＭＭＴというのは、単純化して言えば、「財政を気にする必要なし！　社会保障にバンバンお金を投じましょう」という考え方だ。

だから、ケルトン教授は米民主党最左派で自称「社会主義者」のサンダース上院議員の経済顧問であるし、ＭＭＴはやはり米民主党左派のオカシオコルテス下院議員や「ミスター・マルキスト」の異名を持つジェレミー・コービン党首のイギリス労働党も支持している。

このシンポジウムで登壇した三人の日本人学者の中にも、マルクス経済学者である松尾匡立命館大学教授の名がある。この松尾教授の近著（著・編集）に、『「反緊縮！」宣言』（亜紀書房刊）という本がある。文字通り、「反緊縮」のバラマキ財政の指南書だ。そして、この本の共著者の一人にヤニス・バルファキスという名がある。どういう人物か?——二〇一五年一月ギリシャ議会総選挙で当選。一月二七日にチプラス政権の財務大臣に就任している。そう、「反緊縮」を掲げてEUに徹底抗戦、あのギリシャ銀行閉鎖を招いた最高責任者だ。その過激な言動から〝極左政治家〟と呼ばれる。

こう見てくると、MMTは明らかに左派が歓迎する理論であるのだが、このシンポジウムにケルトン教授を招聘《しょうへい》したのは、京都大学大学院工学研究科教授の藤井聡氏。二〇一八年末まで六年間内閣官房参与を務め、当然安倍首相に近く、思想的には保守に分類される人物だ。そして、この藤井教授と仲が良く、今回ケルトン教授ともMMTについて意見交換をした国会議員の一人が西田昌司参議院議員。西田議員も典型的な保守思想を持つ政治家に分類される。たとえば憲法に対する考え方だが、現行憲法をGHQによる「占領基本法」として正当性・有効性の問題の議論から始めるべきだと主張している。

つまり、このシンポジウムは保守派が左派を招いて「反緊縮」で共闘を呼び掛けたシンポジウムなのである。銀行閉鎖時のギリシャの連立政権とそっくりの構図ではないか。

富裕層は必ず収奪される

この「反緊縮」の大衆迎合主義政策を実行する場合でも、財源まったくなしというわけには行かない。何がしか財源は要る。その時ターゲットとなるのは、やはり富裕層である。

私はギリシャの銀行閉鎖の報を聞いてすぐ、ギリシャに二名の特派員を送った。その詳細については、ぜひ拙著『ギリシャの次は日本だ！』（第二海援隊刊）をお読みいただきたいが、ここでお伝えしたいのは不動産税のことだ。少し拙著から引用しよう。

――

現在、富裕層は自分が住んでいる家や国内の別荘などをどんどん売りに出しているのだそうだ。その理由は「不動産特別税」だ。保有する土地と建物に固定資産税とは別に徴収される税金で、富裕層が所有する不動産には特に重税になっているとのことだ。あまりに税金が高いため、不動産を持っていると資産を食いつぶされるということで、富裕層の邸宅が売りに出されるのだが、これがまったく売れないというのだ。それもそうである。今買えば、漏れなくとんでもなく高い税金を毎月徴収されるのである。そういうわけで、今売りに出されている大邸宅のほとんどが売買が成立せず売れ残っており、その間にも高い税金を払わされ続けているという話だ。

（『ギリシャの次は日本だ！』第二海援隊刊）

私がギリシャに特派員を送り出した約二週間後の二〇一五年七月一六日、レコードチャイナは「債務危機でギリシャ富裕層が不動産処分、買い手は中国人とロシア人——シンガポール華字紙」と報じた。記事から一部抜粋しよう。

ギリシャの不動産を扱うロシア企業の責任者は、「海外から多くのバイヤーがこの絶好の機会を狙っている。価格はさらに下がる可能性もあり、取引価格を大幅に軽減できる」と話す。多くの資産家は代々受け継いできた不動産まで処分せざるを得ない状況に追い込まれている。政府の課した巨額の不動産税を負担しきれないためだ。

調査によると、ギリシャの不動産価格は〇九年比で五〇％にまで暴落している。ギリシャの不動産会社の責任者は、「ロードス島の別荘は数年前に一六〇万ユーロ（現在のレートで約二億円）で販売していた。だが今では八〇万ユーロだ」と話す。一四年以降、ギリシャの高級不動産への需要が高まっており、特に中部のハルキディキ県や地中海のクレタ島が人気だ。

買い手の多くは中国人とロシア人だが、隣国のブルガリアやセルビアからの引き合いも増えている。

（レコードチャイナ二〇一五年七月一六日付）

私がギリシャに送った特派員が聞いた話を裏付ける記事内容である。半値まで暴落し、さらに下がる可能性があると報じられている。買い叩かれて、まさに泣く泣く手放すという状態だ。「代々受け継いできた不動産まで処分せざるを得ない」とは、前述した太宰治『斜陽』の名家没落を思い起こしてしまう。

このギリシャの事実を見ての教訓も、今まで確認してきたことと変わりはない。経済が立ち行かなくなった時、先に見た大恐慌時のアメリカや敗戦直後の日本、あるいは今日のベネズエラでは、強権的な社会主義化政策が採られた。

しかし、今日本が置かれている政治状況は、同じく社会主義化が進められているが、強権的なそれではない。右も左も一緒くたになった、大衆迎合的社会主義化政策である。

だが、大衆迎合的社会主義化政策の下でも、国家から収奪される財源のターゲットとなる者は変わらない。大衆迎合でなければ票を取れないから大衆への課税はできない（だから日本の消費税は上がらない）。課税のターゲットとされるのは、やはり富裕層なのだ。ギリシャの例はそれを実証している。

今の日本の政治状況は、銀行閉鎖にまで追い込まれたギリシャと同じ大衆迎合主義がびまんしている。その風は強まるばかりだ。だから、私は確信している。今すぐにというつもりはない。しかし、必ず現実のものとなる。『ギリシャの次は日本だ！』。

読者の皆さん、特に資産家の皆さんは心して聞いてほしい。「国家は何でもできる」ということを。銀行の閉鎖から財産税、金の没収まで、それこそ国家による統制の恐ろしさだ。

第三章　国家破産時における金の価値

何のために金を持つのか

第一章で紹介した通り、売れなければ金《きん》（ゴールド）はただのおもりである。しかも、国家は有事になると金に対して厳しい統制をかけたりする。

果たして金とは、人類にとってどのような存在なのだろうか。歴史を追ってその詳しい説明は次章に回すが、これまでの歴史の中で金は他の貴金属の中でも常に一目おかれた存在であり、それは今でも変わっていない。

来年二〇二〇年夏に東京オリンピックが開催されるが、その最上位のメダルはもちろん金である。その金メダルを何とか獲得しようと、一流のアスリートたちが日夜努力しているわけだ。

中世ヨーロッパにおいては、人々はもっとあからさまに金を求めた。なんとか他の金属から金を生み出そうと躍起になった人たちがいたのだ。そう、〝錬金術師〟である。そして驚くことに、誰もが知る偉人、アイザック・ニュートンもその一人であった。

　ニュートンは、りんごが落ちる様子から万有引力の法則を発見したという逸話で有名なほど、自然科学に通じた人物という認識が強い。ただ、それはあくまで一面で、一方ではオカルト研究にはまっていたという意外な顔を持っている。それに興味を示したのは経済界の巨人・ケインズで、「ニュートンは理性の時代の最初の人ではなく、最後の魔術師だ」と言い表している。

　このように、みんながこぞって手に入れようとする金。一体、何のために金を欲し、持とうとするのだろうか。それは、金の希少性や光り輝く特徴、また加工しやすく、酸化せず腐食もしないといった特徴からすべてが始まっている。その結果、昔から金そのものに価値があることを世界中の誰もが認めており、誰もがその価値を普遍的なものと捉えていたからに相違ない。

　金は、今も昔も世界中のどの国でも価値を持つ、言うなれば世界共通の通貨のようなものなのである。だから金はこれまでずっと重宝され、資産の一部として輝き続けているのだ。

そのような位置づけの金ではあるが、より一層、光輝く時がある。それは、国家が破産した時である。これが、この章のテーマである。

すでに財政再建が不可能な日本

国家破産という言葉が、壮大過ぎて他人事のように思える。特に、初めて聞かれたという方はそう感じるかもしれない。中には「日本が破産するはずないだろう！」と怒り出す人がいるかもしれない。しかし、皆さんが実感を持とうが持つまいが、そしてたとえ怒り狂ったとしても、この日本は国家破産に向けてまっしぐらに進んでいる。すでに超えてはいけない一線、レッドラインを大きくはみ出して進んでしまっているのである。

それは、どういうことか。つまり、この国がすでに財政再建が不可能な状態に陥っているということである。それを知るために、国家機密に該当するような内部データを極秘に入手する必要はまったくない。一般に公表されているデータを普通に分析すれば、誰もが「ああ、もう無理だな」と理解することができるのだ。少し頭の体操だと思って、その分析に付き合ってほしい。

財務省が発表する「一般会計歳入歳出予算総表」には歳入（国の収入の合計）と歳出（国の支出の合計）の金額が掲載されている。まず歳入の方は、六四・〇兆円の税金や印紙などによる収入とそれを補う借金である公債金収入の三三・七兆円、合わせて九七・七兆円である。そして歳出は、基礎的財政収支対象経費と呼ばれる、いわゆる普段国が使う経費が七四・四兆円と国債の元本返済や利払いに充てるための国債費が二三・三兆円で、合計九七・七兆円となっている。

財政再建を考えるというのは何も難しいことを考えるのではなく、これまで作った借金を減らすこと、または最低でも借金をこれ以上増やさないことを考えることだ。借金をこれ以上増やさないようにするには、支出を収入の分だけに抑える。これは普段私たちが生活する上で当たり前のことであり、それは国といっても例外ではない。この状態を国の場合には専門用語で〝プライマリー・バランス（基礎的財政収支）を黒字化する〟という。先ほどの国の歳入と歳出の中で確認しておくと、「税金や印紙などによる収入の中で基礎的財政収支対象経費を賄う」ということである。

さて、このプライマリー・バランスの黒字化という言葉は、日本では二〇〇一年頃から頻繁に使われ始めた。きっかけは二〇〇〇年一〇月四日の新聞各紙に初めて日本国のバランスシートが公表され、日本の財政問題に焦点があたり始めたことによる。ちょうどその頃から、政府はプライマリー・バランスの黒字化を財政再建の目標に掲げているわけだが、常に目標の延期が繰り返し行なわれた。そして、それが達成されたことは、今の今まで一度もない。

今年二〇一九年七月三一日、内閣府は国と地方のプライマリー・バランスの黒字化が、二〇二七年度になると発表した。その発表を翌日八月一日の日経新聞では見出しで「『二七年度に』見通し後退」と延期されたことを伝え、しかも「見積もり甘く達成困難」と早くも再延期が濃厚になっている旨を伝えている。

実は、プライマリー・バランスについて長年のデータを使い研究した人がい

国の歳入と歳出

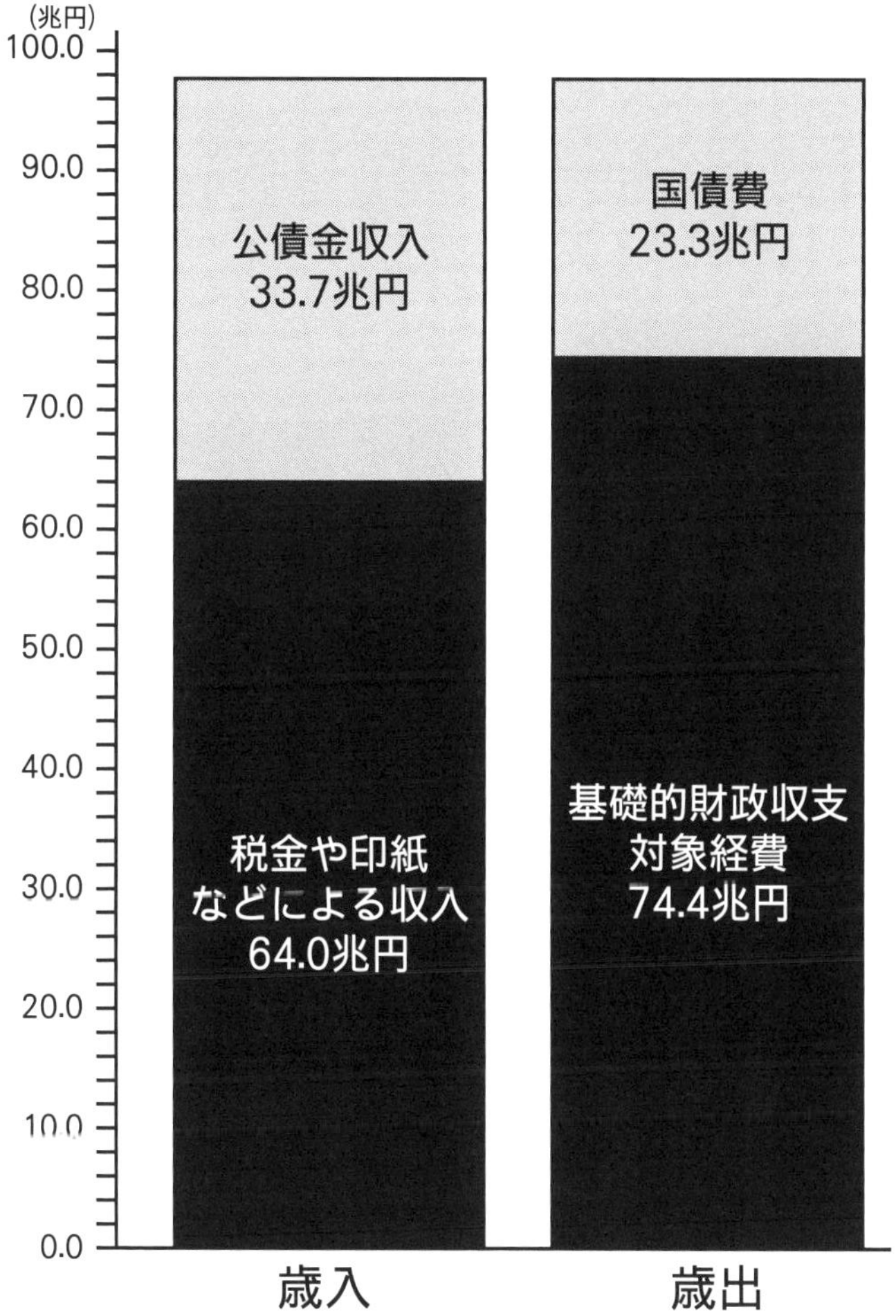
(兆円)
100.0
90.0
80.0
70.0
60.0
50.0
40.0
30.0
20.0
10.0
0.0
公債金収入
33.7兆円
税金や印紙
などによる収入
64.0兆円
国債費
23.3兆円
基礎的財政収支
対象経費
74.4兆円
歳入
歳出

る。〝ミスター国債〟と呼ばれた元大蔵省関税局長であり、元日本銀行理事の米澤潤一氏である。米澤氏は二〇一六年一〇月「国債発行50年の総決算―プライマリー・バランス分析決定版―」と題したレポートを発表した。

このレポートは財務省財務総合政策研究所総務研究部の発表になっているが、表紙に「本論文の内容は全て執筆者の個人的見解であり、財務省あるいは財務総合政策研究所の公式見解を示すものではありません」と注意書きが付いている。なぜそのような文言が付いているかと言えば、おそらく内容がかなり過激なためであろう。文章はいきなり、「日本財政が破綻に瀕していることは、あらためて数字を挙げるまでもなく、周知の事実である」と始まる。

そのような内容で理路整然としかも淡々と述べられているので、読み進めるうちに衝撃というよりも薄ら寒さを覚える。

その中で注目すべきデータは、調整後のプライマリー・バランスの黒字・赤字の推移である。米澤氏の解説が付いているが、強調されているのは昭和四〇年度～平成二七年度の五一年間でプライマリー・バランスが黒字だったのはバ

調整後プライマリーバランス推移

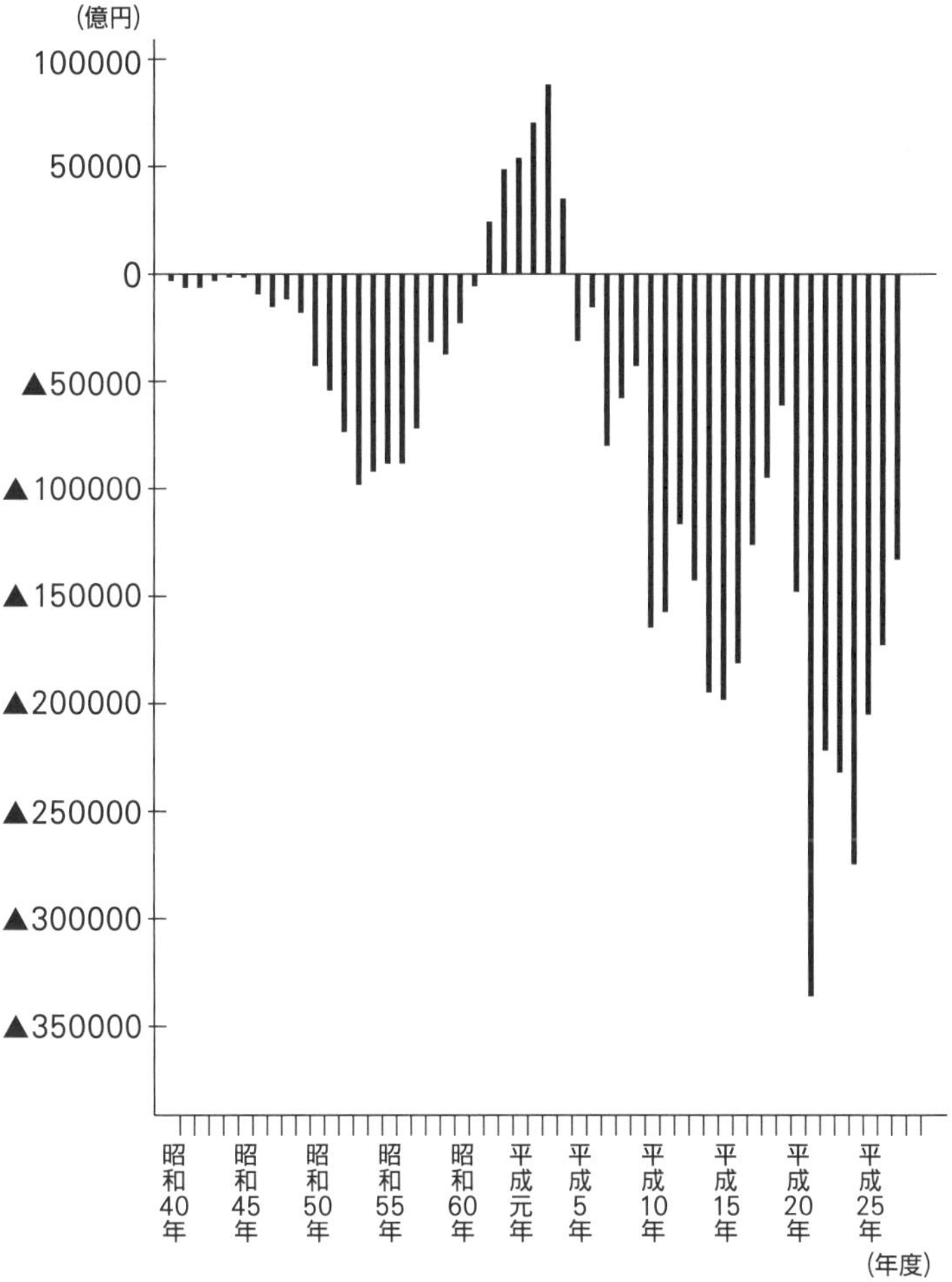

「国債発行50年の総決算―プライマリー・バランス分析決定版―」
米澤潤一氏（2016年10月作成）のデータを基に作成

ブルで税収が水膨れした六年間（昭和六二年度〜平成四年度）しかなかったことである。そして、プライマリー・バランスについては民間企業では黒字であることが当たり前のもので、プライマリー・バランスが均衡した状態でも利息が全額追い貸しになっている破綻先企業状態であると辛口な表現をしている。

このデータを実際に見ていただくと、プライマリー・バランスを黒字化するという目標がすでに形骸化しているということが一目でわかる。先ほどの米澤氏の解説の通り、黒字になったのはバブルの時代のみ、そしてバブル崩壊を契機にして赤字幅が段々大きくなっているのである。

この状態から黒字化に転じて行くのには、よほどの努力が必要である。可能性があるとすれば、明日にでも消費税を三〇%に引き上げ、教育費から防衛費までの支出を三分の二にする、そこまでのことをしなければ黒字化は到底無理な話だろう。しかも、今の低金利でこうだから財政再建がすでに不可能な域に達していることが、十分に理解できるだろう。

財政が赤字だと、段々借金が積み上がって行く。それによって、債務残高は対ＧＤＰ比で主要先進国で最悪の二三六・〇％（二〇一八年、ＩＭＦ調べ）にもなっている。

このＧＤＰ比の債務残高を考える上で、一つの尺度を載せておきたいと思う。欧米のまともな専門家の間では、政府の借金はＧＤＰ比で六〇％以内であれば安全、九〇％で危険水準と言われている。二〇〇％と言えば、頭がオカシイほどのレベルというわけだ。つまり「日本が破綻するはずがない」と自信を持って言い切る方は、欧米のまともな専門家からは頭のオカシイ人のレッテルが貼られてしまうことになる。

そもそもこの状態で何も起きないと考える方がおかしい。だから、先ほどの米澤氏をはじめとし、日本の著名な財政学者もこの状態に激しく警鐘を鳴らしている。これから、その警鐘を鳴らす二名の財政学者と一名の大物に登場していただこう。

学者が警鐘を鳴らす国家破産の恐怖

①「タイムリミットは二〇三〇年。その時、国は暴力装置になる」小黒一正氏

まず登場いただくのは、小黒一正氏である。小黒氏は、元大蔵官僚で財務省財務総合政策研究所主任研究官を経て、現在法政大学経済学部で教鞭をとる気鋭の経済学者だ。実は小黒氏には何度かインタビューを行ない、かなり突っ込んだオフレコも含めた財政の話を聞かせていただいたことがある。また、一緒に書籍も出版している。

さて、インタビューの中で一番驚いた表現は「いざとなったら国はなんでもやる。暴力装置になる」と小黒氏が表現したことだ。政府には徴税権があるとし、インフレも税金の一種とした上で、それを含めて増税には限界がある旨を語った。そしてタイムリミットは二〇三〇年とした上で、行き着く先は日本国の破産、そしてその時には国は何でもやる暴力装置と化すと表現したのである。

これについては、歴史や他の国を見れば明らかであると語っている。

また、どれだけ借金しても国は破産しないといった今話題のMMT理論のような論説に対しては、同時にバッサリ切り捨てている。小黒氏の論調を再現してみよう。「日銀は政府の一部だから、日銀が国債を買い取れば、政府はいくら国債を発行しても大丈夫だ」という論説を時折見聞きする。この論説によれば、政府と日銀とは一体なのだから政府の負債は日銀の資産と相殺される。税金など廃止して、すべて国債で調達すれば無税国家ができる。そんなウマイ話があるはずがない。こんなことは誰もが常識を働かせればわかることだが、経済評論家と称する人の中にもこんな話で国民を惑わす人がいる。

今年二〇一九年夏、MMT提唱者の一人ステファニー・ケルトン米ニューヨーク州立大教授が来日した。MMTとは「現代貨幣理論」のことで、かいつまんで言うとインフレにならない限り政府は財政赤字を膨らませて社会保障や公共事業などで人々の雇用や所得を上昇させるべきとの考え方であり、そしてインフレとなった場合には増税で歳出を賄うことをステファニー氏は提案している。

それに対して、小黒氏は歳出削減や増税では物価上昇が止まらない恐れもあるとし、「インフレはいつどんな経路で生じるかわからない。（中略）インフレを簡単に抑制できると言うなら、物価上昇で苦しむアルゼンチンなどで成果を出してからにしてほしい」（日本経済新聞二〇一九年七月一八日付）とMMT理論に対して真っ向から反対するコメントをしている。

ステファニー氏のMMT理論もそれに対する小黒氏のコメントも二〇一九年七月一八日の日経新聞朝刊に掲載されたので読まれた方も多いと思うが、まったくもってその通り、まさに正論という他ない。

②「諭吉先生が紙切れに」土居丈朗氏

次に登場していただくのは、財政学が専門で財政制度等審議会委員を長く務める慶應義塾大学の土居丈朗教授である。土居氏は、今年二月一八日付のブルームバーグのインタビューに面白い回答をしている。「慶応の人間としてはあまり言いたくないが、福沢諭吉先生の肖像の一万円札が紙切れになるかもしれない」（ブルームバーグ二〇一九年二月一八日付）。土居氏は二〇一八年九月末時点で国債の発行残高に占める日銀の保有割合が四三％に達したことに触れ、「日銀はやがて六割、七割を買い取ってしまうかもしれない」（同前）とし、どこかの時点で財政ファイナンスだという見方を払拭できなくなる可能性を指摘した。そして、その場合には、慶應の大先輩である諭吉先生（現在の一万円札肖像画）が紙キレになるリスクがあると危惧しているのである。

日銀の国債購入が今後も継続して行った際、もっとも起こり得る可能性の高いシナリオとして土居氏があげるのが〝金利の急騰〟である。日銀による買い入れ余地がどんどん減っていることが明白になった時、そのまま継続できる政策でないことに皆が気付けば、「いずれ金利が抑制できなくなるかもしれない」（同前）という。土居氏は仮に国債の金利が四～五％に上昇しても、公共投資や補助金など不要不急の予算の削減で利払い費を捻出できるので、政府が直ちに予算を組めなくなることはないとしながら、「運転資金に困っている企業は生き残れない可能性がある」（同前）との見方を示した。そして、行政サービスを国の補助金に頼る多くの自治体では、行政サービスの低下がかなり起こることを指摘している。

政府もその場しのぎを何年も続けられないことから、相当な緊縮が避けられないことにも触れている。つまり企業、自治体、国の一部または大部分が機能不全に陥ってしまうと危惧しているわけである。

③「日本は必ず財政破綻する！」超大物自民党政治家

最後に登場していただくのは、先の二人のような財政学者ではなく、自民党のある政治家である。名前はあえて伏せておくが、日本国民であれば誰もが知る超大物である。その方と先日、あるプライベートの場でインタビューを行なったが、その内容が衝撃的だった。概略は以下の通りである。

「残念ながら、この国は必ず破産する。老人医療（介護を含む）および年金は必ず崩壊する。どう考えても、少子高齢化がこのまま進めばその維持は不可能。

すべてが手遅れだ。今から手を打っても二〇～三〇年かかる。安倍さんの後、首相をやる人は大変だ。安倍さんのやったことの後始末はたぶんできないだろう。国が一度破産するのはしょうがないが、その後どうやってなるべく早く、再生・復活させるかだ。日銀が株（ＥＴＦ）や不動産（ＲＥＩＴ）まで買うのは前代未聞で、将来大変なツケが回ってくる。では、何が起きるのか。おそらくまず為替が何らかの原因で大幅な円安となり、それに引きずられて国債も暴落するだろう。いずれにしても、ひどい国になったものだ」。

国の中枢にいる人物が、そのような内容の発言をしていることは衝撃的である。しかも、かなり頭脳明晰な方だから彼の言う通りになると考えておいてよいだろう。

国家破産＝ハイパーインフレ

今回、紹介した三人以外にも日本の財政問題が末期的な状況であると話す著名人は多い。では、国が破産したらどのようになるのかと言えば、その論調の行き着く先は大きく三つに絞られる。一つ目は財産税も含めた大幅増税、二つ目は医療や年金も含めた公共サービスの劣化や停止、そして三つ目は大幅な円安、つまりハイパーインフレである。

皆さんは一万円札をまじまじと見たことがあるだろうか。材質はもちろん紙である。特殊なインクや技術を使っているとはいえ、原価は二〇円程度だ。これが一万円という価値でやり取りされている。なぜ、そうなっているのか。秘密はお札に印字されている〝日本銀行券〟の文字にある。

皆さんがお金と呼んでいるお札は、正確にはこの〝日本銀行券〟である。そして発行者である日本銀行、つまり国の信用がお札に価値を付与しているのである。だから、みんな安心して使っているのだ。

ところが国家破産になると状況が異なる。国の信用が著しく落ちるわけで、するとこのお札の信用も同時に落ちる。諭吉先生が紙キレになるのはまさにこの時である。

お札の価値が落ちるとはどういうことか。それは相対的にモノの値段が上がるということだ。通常一〇〇円で売っているおにぎりが、一〇〇万円で売られたりすることだ。このような状態を〝ハイパーインフレ〟と呼ぶ。そして国が破産状態に陥ると、まず例外なくこのハイパーインフレがやってくる。国家破産状態に陥ったロシアやトルコ、アルゼンチン、ジンバブエもそうだし、記憶に新しく今なお進行中のベネズエラも、同じくハイパーインフレになっている。

国家破産状態になった時のハイパーインフレは、モノの値段が極端になるので注意したい。昨年二〇一八年の年末から今年二〇一九年の年初にかけて、ベネズエラの取材のためにキューバとアルゼンチンを訪れたが、そこで聞いたベネズエラのハイパーインフレの話には耳を疑った。

月給が四五〇〇ボリバルソベラノ（米ドルで六ドルほど）に対して、卵が三六個で二三〇〇ボリバルソベラノ、日常の洗濯用洗剤が二〇〇〇ボリバルソベラノもするという。それほど、モノの値段が高騰するのだ。また月に何倍ものペースで物価上昇が続き、主食の「アリーナパン」と呼ばれるトウモロコシの粉の値段がわずか数時間の間に倍になったことがあるというから、そのインフレのスピードは想像を絶するものだ。しかも、一般の市民が利用するスーパーにはほとんど商品がないという。

ハイパーインフレになれば、金価格は円ベースで暴騰する

ハイパーインフレになるとモノの値段が上がるわけで、極端な状態に陥ればその日のうちに値段が二倍以上になることも十分考えられる。保存が効くものであれば、値段が安いうちに購入しておこうと思われるかもしれないが、食料品だとそうは行かない。

しかも、スーパーにはモノがないわけで、長期保存できるものを実際購入できるかどうかはわからない。そうこうするうちに、月に何倍ものペースで物価上昇が続けば、普通に生活することもままならなくなる。

こんな時にどうすればよいのか。結論は、日本円以外の資産を持つしかない。

国家破産にもなると少なくとも数年という単位でハイパーインフレが続くだろうから、その間にしっかり価値をキープできるもので持つ必要がある。その対象になるのは、「米ドルなどの外貨」や「金」や「ダイヤ」などである。

ここで気を付けることは、日本円が紙キレのような状態に陥った時に他のペーパーマネーである外貨がその信用を落としていないかどうかという問題だ。もちろん、日本円から見ると米ドルははるかに高くなっているだろう。ところが日銀という中央銀行の信用が揺らいだことで、他の中央銀行の信用力にまで波及すると、他の米ドルやユーロから見ても、モノの値段が上がっていることも起こり得る。日本でハイパーインフレが起こる中、世界中でもかなりのインフレが起きる状態というわけだ。

このような状態の時には、実物資産である金やダイヤが輝き出す。特に、金は普段の相場を見ても買値と売値の幅がそれほど大きくないので、国家破産対策としてはかなり有効な手段である。金は紙幣のように発行者の信用によって価値が付与されているものではないので、ハイパーインフレになれば金価格は円ベースで暴騰することが容易に考えられる。

しかし、国家破産時に金は役に立たない

先ほどのベネズエラもそうだが、私は現地取材を重視している。インターネットは確かに便利ではあるが、そこにはマガイモノの情報も紛れている。そのため、本当の情報がほしい時には時間とお金を惜しまず使い、現地取材を決行している。

というわけで、ロシアの国家破産も今から二〇年ほど前に現地取材を敢行した。最初の訪問時の帰りがけに不思議なことを耳にした。国家破産で一番経済が混乱している間は「金は役に立たなかった」というのだ。最初、聞き間違いか通訳のミスかと思ったが、なにしろ時間がなかったためそのまま慌てて帰国した。ただ、どうしても気になり、次に訪問した際に詳しく聞いてみると、やはり国家破産の混乱時に金は役に立たなかったというのだ。しかも一人だけで

はない、誰に聞いても同じ回答が返ってくる。「金は使えなかった」と。

そんな馬鹿なことがあるのか⁉　そこで徹底的に取材してみた。なんと原因は、金のニセモノが大量に出回ったことにあった。ニセモノが出回ったため、金に対する信用が大きく低下してしまったのだ。そのため、ハイパーインフレでせっかく金の価値が上がっているにも関わらず、物々交換の対象としてほとんど使えなかったというのである。

金には、かなり精巧なニセモノが出回っているという話がある。今から一〇年以上前に、大阪市内の質屋にニセモノの金地金が持ち込まれたことがニュースになった。二〇〇六年暮れに持ち込まれたニセモノの金地金で、それを担保に一旦質屋が数百万円を貸し出し、一定期間経過後の質流れになったために再鑑定を行なったところで判明したという。実はこのニセモノの金地金は、一部の鑑定機器ではニセモノと判定できないのだそうだ。

金は他の金属よりも比重が大きく、そのため通常は他の金属で同じ形を作ると重さが足らなくなる。ところが、金よりもコストが安いタングステンという金属があるが、それは金と比重がほとんど同じだという。金の比重が一九・三二グラム／立方センチメートル、銀は一〇・五〇、銅は八・九と明らかに異なるわけだが、それに対してタングステンは一九・三グラム／立方センチメートルとほとんど金と同じ比重なのである。質屋に持ち込まれた一キログラムのニセモノの地金は、金一二七グラムとタングステン八七三グラムで構成されていた。こうすることで、X線鑑定器や電気抵抗を調べる導電率計でも金と判定されるというのだ。しかも刻印（金の表面に入れる印）は、世界中で流通している「Swiss Bank Corporation」と入れて、本物そっくりに作られていたそうだ。

金地金の業界大手の田中貴金属工業では、金の買い取りを行なっているが、当日値付けをするための決まった基準を設けており、それを満たさない場合には日をまたいで一旦預かり、分析した上での買い取りに回される。そのようにプロでも鑑定が難しい金地金だから、素人がパッと見で判定できるはずがない。

国家破産の混乱時は、物々交換を行なうためのヤミ市が発展する。ところが、そのような場で金を本物がどうか鑑定できるはずもないから、本当の混乱時に

国家破産時における金

注意1

本当の混乱時には
金は役に立たない

注意2

非常時に国は
暴力装置となるため、
金の保管には
細心の注意を払う
必要がある

は金は使えないと考えた方がよい。金はあくまでも混乱が収まった時に売却するもので、ハイパーインフレ時に活用するのではなく、資産を減らさないための方法なのだ。

さて、ロシアの取材の中で実はさらに驚くことがわかってきた。ロシアの国家破産では、その最終局面で預金封鎖まで行なわれた。経済が一時的に安定を取り戻したため、人々が再び銀行にお金を預け始めていた矢先の出来事だった。そして、さらに信じられないことに貸金庫の財産までもが没収されてしまったのである。金、米ドル札、ダイヤなどそれまでの激動の時代を生き残ったなけなしの財産は、すべて国家に没収されてしまったのだ。

国は、非常時には本当に暴力装置になり得るのである。

「事実は小説より奇なり」。今回の金が売れない事例もそうではあるが、表面に見えていることと、実際にやってみようとした時初めて見えてくるものとでは、まったく異なるケースがある。それによって上手く行かないことも多々発生する。金を買ったり売ったりする――一見すると簡単そうな作業で何も気にする必要がなさそうだが、実は正しい手順を追わないと大きくつまずく可能性があるのだ。

金は、国家破産時に輝きを増すのは確かであるが、「本当の混乱時には金は役に立たない」「非常時に国は暴力装置となるため金の保管には細心の注意を払う必要がある」――このことを肝に銘じておくべきである。

第四章　それでも金は永遠に輝く

人類と金の歴史

人類と金《きん》（ゴールド）の歴史は相当古い。というより、あまりに古すぎていつ頃から人類が金と付き合い始めたかは依然として判明していない。考古学者の間でも「人類と金の起源」に関する話題は常にホットであり、どの古代文明が金を最初に使い始めたかについては現在でも激しい論争が行なわれている。

金は、鉄などと違って精錬せずとも単体の時点で光沢を放ち、とても美しい。その美しさに人類が魅了されたことは間違いなく、考古学者たちの認識は、人類が利用した金属で最古のものは金だということで一致している。また産出量が極めて少ないため、常に貴重なものとして扱われてきた。

とりあえず、人類が初めて金を発見した時期は、今から七〇〇〇〜八〇〇〇年前と言われる。それはおそらく砂金などの自然金だったはずだ。通常、一トンの金鉱石から採れる金は数グラム程度であるが、ごくまれに非常に純度の高い金塊が見つかることがある。それが〝自然金〟だ。過去にはオーストラリアで約七一キロもの自然金が発見されたこともある。

ちなみに「金」（英語とドイツ語の「ＧＯＬＤ」〈ゴールド〉）の語源は、サンスクリット語（古代インド・アーリア語に属する言語）で〝輝くもの〟である。またこれには諸説あるが、金の原子記号である「Ａｕ」はラテン語の「ａｕｒｕｍ」の頭二文字を取ったものだと解釈されており、その「ａｕｒｕｍ」はヘブライ語の〝光〟を意味する「ｏｒ」が基になっているそうだ。まさに、金の見た目そのものが語源となっているのである。

もちろん、ここ日本でも金は常に重宝されてきた。ご存じの通り、日本語では「金」（かね）と読めば、古来より通貨、貨幣、金銭と同義に扱われてきている。金属としての金は「黄金」と書き、読み方は「おうごん」もしくは「こがね」だ。金という文字は、金属や金物といった単語に含まれているように古くから金属全体を象徴する字としても扱われている。

人類と極めて深い関係にある金だが、金属としての金の起源はどこにあるのだろうか？　実は、これも現時点では完全には解明されていない。物理学者の間では常にホットな話題となっている。

　多くの物理学者の一致している認識は、金が宇宙から飛来したということだ。ちなみに、金よりもはるかに軽い元素である水素やヘリウムなどは宇宙の起源であるビッグバンによって生成され、それよりも重い鉄までの元素は星の中の核融合で生成されることが判明している。そして鉄などよりもさらに重い金やウラン、レアアースなどは、これまで超新星爆発（太陽の約八倍以上の質量の星が最後に起こす大爆発）によって生成されるという説が有力であった。

　しかし、近年の研究では「ｒプロセス」と呼ばれる〝中性子星〟同士の衝突で生成されるという説が有力視されている。この中性子星とは、一生を終えた星の残骸であり、この中性子星同士が私たちの想像を絶する速さで衝突した結果、金が宇宙に生まれたということがスーパーコンピュータを駆使したシミュレーションによってわかってきたのだ。そうしてできた金が宇宙空間にバラ撒かれ、地球や太陽を構成する物質の一つになったとされる。

ただし、地球が誕生した頃にすでに存在していたとされる金はすでに中心核へ沈んでおり、古代人が地表で見つけた金は、地球の誕生から数億年後に降り注いだ隕石群によって運び込まれたものというのが有力だ。

錬金術は〝夢のまた夢〟

かねてより、人類が錬金術に必死に取り組んできたということはよく知られているが、極めて特殊な環境下で生成された金は、（これは当然と言えば当然だが）いまだに人工的に作る技術は確立されていない。中性子星同士の衝突という、はるかに想像を絶するエネルギーを地球上で作り出すことは、極めて難しい。技術の進歩でそうしたエネルギーをごく短期的に作り出すことは可能になりつつあるというが、仮にできたとしてもコストがまったく見合わない。それゆえ、錬金術というのは結局のところ、夢のまた夢の話なのだ。

それでも、古代人から現代人まで錬金術を夢見てきたのは事実である。錬金術の発祥には諸説あるが、エジプトが有力視されており、アレクサンドリア（カイロに次ぐエジプト第二の都市）を中心に発展し、やがてイスラム・アラビア世界に伝わり、そこから欧州にまで伝播したようだ。

錬金術の最大の目標は、卑金属（容易に酸化する金属）を貴金属に変える霊薬とされた「賢者の石」を作り出すことで、多くの学者が石を発見しようと旅をしたり、あるいは発明に没頭したという。

有名なところでは、万有引力の法則を発見したことで知られるアイザック・ニュートンも錬金術にのめり込んだそうだ。ニュートンは、バブル景気の語源ともなった「南海泡沫事件」で全財産を失ったのだが、損失を取り戻そうと躍起になったニュートンは勤めていた造幣局で錬金術の研究に没頭したという。ニュートンの遺髪からは、錬金術に用いられる水銀が大量に検出された。

また、中国では「錬丹《たん》術」なるものが発展している。これは、不老不死を目的とした錬金術で、まず不老不死の薬とされる「仙丹《せんたん》」を創り、それを服用することで仙人になり、すると不老不死になると考えられていた。しかし創薬に硫化水銀が用いられたため、大量に摂取し死に至った皇帝もいる。

ちなみに、錬金術と不老不死という関係は西洋でも観察され、前述した賢者の石も不老不死を叶えられると信じられていた。

人類の錬金術への夢は潰《つい》えたが、錬金術の研究は後世に多くの財産を残している。研究の過程で中国では火薬が発明され、中東では硝酸、硫酸、塩酸、王水などが発明され、西欧でも磁器の製造法が開発された。錬金術は科学の発展を促したが、不思議なことに科学が発展したことで「錬金術は不可能」との認識が広まったのである。そして、人工的に創れない以上、金は極めて貴重なものだと人類は改めて認識した。

事実、金は有限である。意外に思うかもしれないが、有史以来、地上で採掘された金の総量は一九万トンだけで、オリンピック公式プール（国際基準プール）に換算すると四杯分しかない。しかも、残りの埋蔵量はプール一杯強しかなく、それもそのほとんどが海にあるとされている。

金は確かに有限だが、金はリサイクル性に優れており、都市鉱山などの存在もあるため「数十年以内に枯渇する」という説はあまりに極端だ。それでも金が人類にとって貴重なのは言うまでもなく、有限であるがゆえ金の輝きは永遠であると固く信じられている。

人類と金――古《いにしえ》の物語

では、いつ頃から人類は金を用いるようになったのか？

歴史的に有名な金の装飾品の一つに、古代エジプトのツタンカーメン王の墓に埋葬されていた「黄金のマスク」がある。このマスクは紀元前一三〇〇年代に作製されたようだ。すなわち、その時点までに人類は金に価値を見出し、それを加工する技術を生み出していたということになる。

さらには、ツタンカーメンの時代よりもはるか昔、シュメール文明の頃にはすでに人類が金を装飾品として利用していたという話もある。シュメール文明と聞いてもピンと来ないかもしれないが、メソポタミア文明と聞けば「あぁ」

と思われることだろう。通説では世界最古の文明だとされるメソポタミアだが、その創世期を担ったのがシュメール人だ。

メソポタミア文明は、現在のイラクの一部に興った古代文明の総称を指すのだが、紀元前三五〇〇年までには高度な文明が築かれていたと言われている。その創世期を担ったシュメール人は民族系統などが不明で、現在でも多くの謎に包まれたままだ。古代人であるにも関わらず宇宙（天文）に関する非常に高度な知識を持っていたようで、考古学者の中には「宇宙人と交流していた」と真剣に主張する者もいる。

宇宙人と交流していたかは定かではないが、シュメール人は紀元前三〇〇〇年頃には金の装飾品を用いていたようだ。シュメール人は楔形文字《くさびがたもじ》（メソポタミア文明で使用されていた古代文字）の原型を作ったとされているが、彼らが残した文字を読み解くと、チグリスとユーフラテスという二つの河川に挟まれたシュメール文明を象徴するものが「ビール」であったということが判明し、しかも一部の高貴な者はビールを飲む際に装飾が施された金のストローを用いていたことがわかっている。すなわち、この時点でお洒落（装飾品）としての金が人々の間に確立されていたというわけだ。

メソポタミアの他にも、多くの古代文明から人類が金を用いていたという証拠が挙がっている。トラキア文明もその一つ。トロイ伝説に勇敢な騎士として登場するトラキア人は、紀元前三〇〇〇年頃より欧州南部のバルカン半島に広大な勢力を築いたのだが、近年、そのトラキア人の遺跡から多くの精巧な金の装飾品が次々と出土している。しかも、それらは現代人をも驚愕させる、極めて芸術性の高い代物ばかりなのだ。

これらの出土品は紀元前五〇〇～三〇〇年に文明としての最盛期を迎えたトラキア人がいかに栄華を誇っていたかを物語っており、優れた金の加工技術を有していたという証拠となっている。トラキア人は文字を持たなかったとされており、かつては「野蛮な民族」とのレッテルを貼られたりもしていたが、一九七〇年代に豪華絢爛な金の装飾品が出土してからは「優れた技術を持った民族」との認識に変わった。あまりにも精細で豪華な装飾品が次から次へと出てくることから、現在ではトラキア文明のことを「黄金文明」と呼ぶ人が増えている。

エジプト文明における金の歴史も古い。考古学者の間ではエジプト文明こそがもっとも優れた金の採掘・加工の技術を有していたと主張する者が多くいる。諸説あるが、古代エジプトで文明の輪郭ができ上がったのは紀元前三〇〇〇年頃とされ、文明の初期の段階からエジプト人はナイル川で砂金を採取・加工していたようだ。エジプトでは金を身に付けることができたのは土である君主ファラオだけであったと言い、多くの人が砂金の採取に動員され、王家に金を献上する代わりに対価をもらっていたと伝えられている。

ツタンカーメンの黄金のマスクに並び、エジプトにおける有名な金の出土品の一つに「黄金の棺」が挙げられるが、あの棺に使用されている金の総量は、驚異の一一〇キロだ。砂金から一一〇キロもの金を抽出するのは容易ではなく、とてつもない人数が動員されて砂金が採取されていたことがうかがえる。

古代エジプト人は、なぜそれほど金を重要視していたか？　それには彼らが信仰していた太陽神に大いに関係があるとされている。古代エジプトでは、金は太陽神ラーの身体の一部として考えられていて、そのため、単なる装飾品などではなく宗教的で神聖な存在であった。そのため一般人が神の身体を身に付けることは許されなかったのである。

こうした理由から多くの考古学者は、古代エジプトにおける金の文化は、他の古代文明のそれと一線を画していると考えている。

ちなみに、古代エジプトはいわゆる〝インゴット〟という形態を人類で初めて考えた文明である。日本人にとっては「金の延べ棒」という方がピンと来るかもしれないが、インゴットというのは金の代表的な形態で、端的に言うと保管用に鋳造された〝塊〟だ。

現代のインゴットには厳格な基準が定められているが、実はエジプトではこのインゴットという形態で金の保管がなされていたのである。ただし、古代エジプトにおけるインゴットは台形ではなく〝輪の形〟をした塊で、純度などの細部も現代と差異はあるであろうが、保管用として金の塊を鋳造していたというのが他の古代文明にはない特徴だ。

さて、ここまで読んでいただければ人類が金といかに古くから付き合っていたかがわかるだろう。しかも、ほとんどの古代文明が高度に金を加工する技術を持っていた。ただし、冒頭で述べたようにどの古代文明が最初に金を用いたかは判明していない。そして、この先も判明することはないだろう。裏を返すと、それほど人類と金の起源は古いのだ。

金は人類最古の資産防衛術

ところで、有名な古代文明の一つに中国の黄河文明もある。この黄河文明は紀元前五〇〇〇～四〇〇〇年頃に興ったとされるが、紀元前二〇〇〇年頃になると「邑《ゆう》」と呼ばれる都市国家的な集住地が黄河流域に点在するようになった。邑はそれぞれ独立していたが、だんだん強い邑が他の邑を吸収するようになり、やがて王朝が成立する。

それが、中国で考古学的に存在が実証されている最古の王朝である「殷」だ。紀元前一七世紀頃に誕生したとされ、紀元前一一世紀の殷周革命で滅びるまで栄華を誇った王朝である。司馬遷の史記にこの王朝が殷と記載されていることもあり、日本では殷という呼び名が定着しているが、中国では「商」（または商朝、殷商）と呼ばれている。諸説あるが、「商人」という言葉の語源はこの商という王朝に由来しているという。

この商の時代には多くの画期的な技術や文物が誕生した。その代表的なものが前述した邑だが、この邑は後の時代の都市の基本形となり、邑の設計には複雑な算術が用いられたのである。

中国で最古の算術書は、日本でも有名な「九章算術」だ。その中に「商功章」という土木工事（より具体的には城、家屋、運河などの建設）に関する難解な問題を記した項目がある。すなわち、これは商の時代に確立された算術であった。漢字の起源である甲骨文字を生み出したことでも知られる商王朝だが、かの国に住む人たちは高度な算術をはるか以前に駆使していたことでも知られている。ちなみに、現在でも割り算の数学用語に「商」があるが、これは商王朝に由来しているそうだ。

さて、この商は後に「周」という王朝によって滅ぼされる。すると中国の歴史では必然であるように、商の人たちは一切の土地を奪われた。土地を奪われた商の人たちは中国各地を転々としながら、交易（モノの売買）や金融、政治や軍事を生業として生き残りを図ったと伝えられている。こうして、商人という言葉が生まれたというわけだ。

そして流浪の際に商人が重宝したのが、「金」である。中国で発見されたもっとも古い金の装飾品は商の時代のもので、商の人たちは金を持って（時にはそれを売りながら）各地を流浪したそうだ。

この話に関しては眉唾物だという評価もあるが、商の人たちは客家《ハッカ》（代表的な華僑）のルーツだとされる。彼らは過去の経験から定住（土地の所有）を嫌い、流通や金融などどこでもできる仕事を選好してきた。その志向から「東洋のユダヤ人」と呼ばれる客家だが、彼らは資産防衛を目的として金などの実物資産を好む。客家は商人から資産防衛に関するＤＮＡを着実に受け継いだのではないか、そう思わざるを得ない。

これは私の勝手な想像だが、おそらく金の保有は人類史上で最古の資産防衛術だ。まさに、最強の存在である。ほぼすべての古代文明から金の出土品が見つかっていることは、決して偶然ではない。むしろ、必然だったと言えるのではないか。代表的な古代文明のほとんどが大河に隣接した地域で興っているということは有名な話だが、彼らは河川の中で光る砂金を発見し、その神秘的な輝きに大いに魅せられたのだろう。

どの古代文明も金に魅せられたという事実は極めて興味深く、そのこと自体が金の価値が不変だということを裏付けている。

黄金の国――ジパング

金の話をしていると、ワクワクするという方も少なくないだろう。ところで、このワクワクするという日本語は、「沸く」（水や地中から何かが出て来るさま。物事が急に出て来るさま）から生まれたと考えられている。

実は、中東アラブ・ペルシア世界にもワクワクという言葉があるのをご存じだろうか？　中東でははるか昔から「ワクワク伝説」という黄金伝説が言い伝えられており、その内容は中国の東（東方の彼方）にワクワク島という黄金に富んだ理想郷があるというものだ。伝説の出生は不明だが、アラビア語で最古の地誌「諸道と諸国の書」ではワクワクという地名がたびたび登場するという。

さて、このワクワクという語源は日本の古名「倭国」に由来するのではないか、という説がある。もちろんこれは俗説に過ぎないのだが、ワクワクする話なので簡単に紹介したい。

日本を舞台にした代表的な黄金伝説の一つに、一三世紀にイタリア・ベネチアの商人マルコ・ポーロが記した「東方見聞録」がある。よく知られているように、マルコ・ポーロ本人は日本に来たことがなく、中国に滞在している際の伝聞を基に日本のことを「黄金の国・ジパング」だと紹介した。

「東方見聞録」では、日本について「ジパングは、カタイ（中国北部）（書籍によっては、マンジ〈中国南部〉と書かれているものもある）の東の海上一五〇〇マイルに浮かぶ独立した島国で、莫大な金を産出し、宮殿や民家は黄金でできているなど、財宝に溢れている。またジパングには、偶像を崇拝する者（仏教徒）とそうでない者とがおり、外見が良いこと、また礼儀正しく穏やかであること、葬儀は火葬か土葬であり、火葬の際には死者の口の中に真珠を置いて弔う習慣がある」などと記述されている。

マルコ・ポーロは、当初こそ西洋人の間で嘘つき呼ばわりされたが、東方見聞録は徐々に広がりを見せ、結果的に少なくない西洋人が極東に黄金の理想郷があると考えるようになったと言われている。大航海時代の代表的な探検家であるクリストファー・コロンブス、フェルディナンド・マゼランなどにとっては、「東方見聞録」こそがアジアを目指す原動力となった。コロンブスは実際に大西洋を越える西回りアジア航路を開発しようとしている（これが結果的に新大陸の発見につながった）。

マルコ・ポーロが、なぜ日本を黄金の国と紹介したかについては多くの説があるが、奥州（陸奥国：東北の太平洋側）の金山や平安時代の一一二四年に建てられた中尊寺金色堂を見た人物の口伝が基になっているとの説が有力である。実際、平安時代末期の陸奥地方では多くの砂金が産出され、その莫大な金は平泉に黄金文化を出現させた。平泉を中心として大きな勢力を築いた奥州藤原氏の力の源は、金にあったのである。

また、日唐や日宋貿易の時代に日本から中国へ大量の金や銀が輸出されたため、それを見た中国人が日本（倭国）を「黄金の国」だと思った、という説も有力だ。当時の中国からすると日本は未知の国で、貿易の往来はそれほど多くなかったが、それでも毎回のごとく大量の金や銀が持ち込まれていたため、それを見た中国人が「倭国には金や銀が大量にある」と思い込んだというわけである。確かにそう思っても不思議ではないし、そのことが中東に伝わって「ワクワク伝説」となったのかもしれない。

現代の日本は金の主要産出国ではないが、戦国時代にはゴールドラッシュが起きている。それは西欧から宣教師や商人によって精錬法（金を精製する方法）が持ち込まれたためで、多くの戦国武将が軍資金のために鉱山を開発し、金や銀を採掘した。

有名なものに、北条氏の伊豆金山、武田家の甲斐金山、豊臣家の生野銀山、毛利家の石見銀山などがある。そして、多くの武将が独自に金貨や銀貨を鋳造し、領国貨幣（主に領内での使途に限った貨幣）を流通させた。

戦国武将たちは金や銀をたんまりと貯めこんだわけだが、その一部が現代における埋蔵金伝説につながっている。中でも有名なのが、豊臣秀吉が多田銀山（兵庫県猪名川町）に隠したとの言い伝えがある秀吉埋蔵金だ。

真偽は定かではないが、秀吉が息子である秀頼のために大阪城にあった金塊などの財宝を多田銀山に隠したとされ、その額は四億五千万両。現在の価値にして約二〇〇兆円だというが、当時の金の生産量からしてこれほどの財宝が眠っている可能性は極めて低いという。こういった類の話は日本各地に存在するが、それほど戦国時代のゴールドラッシュがすさまじかったということか。

現代の日本でも都市鉱山という観点で、ゴールドラッシュの再来が叫ばれている。都市鉱山とは都市で廃棄される家電製品などの中に存在する有用な鉱物のことで、ある試算によると日本の都市鉱山には六八〇〇トンもの金が埋蔵されているようで、これは全世界の現有埋蔵量の約一六％に当たる。

もちろん、都市鉱山を採掘するには相応のコストがかかり、費用対効果の点からして相当な技術革新が起きない限り、〝日本の都市鉱山によるゴールドラッシュ再来〟とは行きそうにない。

金（きん）と金（かね）

金は、日常的な環境で劣化しにくい、希少性が高く偽造が難しい、柔らかくて加工しやすい、見栄えが良い、などの理由から古代より貨幣の材料として用いられてきた。

世界で初めて誕生した金貨は、紀元前七～六世紀頃に作られたとされる「エレクトロン貨」で、現在のトルコ西部に栄えたリディア王国で発行されたものである。その後、紀元前五六〇年に即位したクロイソス王が通貨改革を行ない、近代的な貨幣制度を世界で初めて確立した。ちなみに、クロイソス王はとても裕福であったようで、欧州系の言語で大金持ちの代名詞として現在でも使われている。

その後、金貨は長きにわたって貨幣の材料として用いられることになるのだが、銀貨や銅貨と比べても決して使い勝手が良いとは言えず、中世の西欧や中国では銀貨や銅貨が主流であった。

ところが、十字軍の遠征をきっかけに西欧でも金貨が見直され、イタリアの都市国家が相次いで金貨を発行している。フィレンツェのフローリン金貨、ベネチアのゼッキーノ金貨、ジェノバのジェノバ金貨などが代表的だ。

しかし、経済が拡大するにつれ西欧では流通に必要な金地金が賄えなくなり、やがて「金本位制」というアイデアが登場する。金本位制とは、貨幣の発行体が保有する金と同じ額の紙幣を発行するというもので、その紙幣は金地金との交換を保証されるというものだ。

もちろん、発行体が貨幣の裏付けとなる金を実際に保有しなくてはならない。それゆえ、世界中に植民地を持っていたイギリスが、その植民地で相次いで発見された金鉱を担保として世界で初めて金本位制を採用する。一八一六年のことだ。

イギリスを皮切りに金本位制は世界中で採用されるようになるが、金を裏付けとする金本位制は通貨の信任を維持するには向いている一方で、通貨の発行量は金の保有量に制限されてしまう。言い換えると、不況時などで金融政策を自由に調節できない。そのため、金本位制の誕生から約一〇〇年後の一九一四年に各国は金本位制を放棄する。第一次世界大戦が起きたためだ。戦費を賄うため、政府の信用を担保に紙幣を発行する「紙幣本位制」に移行したのである。

終戦後、各国は金本位制に復帰するが、また金本位制が邪魔になったタイミングが訪れた。一九三〇年代の大恐慌である。このときは、アメリカによる金の切り下げを皮切りに各国が金本位制を放棄した。

第二次世界大戦が終了すると、本土を無傷のまま戦いに勝ったアメリカに世界中の金が集中したこともあり、米ドルを金と同列に扱うとする「金ドル本位制」が確立される。しかし、やがてアメリカからも金の流出が起こり、一九七一年八月一五日のニクソン・ショックをもって、世界の主要国のすべてが紙幣本位制となった。

不換紙幣の末路

結論からすると、世界全体が紙幣本位制を採用して以降、ほぼすべての主要通貨が金に対して価値を下げ続けている。たとえば、米ドル対金だが、一九三三年の一トロイオンス＝二〇・六七ドルから現在は一五〇〇ドル台まで切り下がった。ドルが金に対して七二分の一にまで減価したのである。

紙幣本位制を信望する人は「金はバブルだ」と言うが、決してそうではない。紙幣本位制は金に対して趨勢的に切り下がり続ける運命にあるのだ。というより、歴史上の紙幣本位制（不換紙幣）はそのすべてが例外なく崩壊している。

少し前になるが、二〇一一年八月一五日付の米ウォールストリート・ジャーナルは「ニクソンショックから四〇年――現行の紙幣制度の結末はいかに」と題した論説で次のように断じている――「すべての紙幣制度は、最終的には失敗した。金融当局は、完全な崩壊が起こる前に商品を裏付けとする貨幣制度に戻した。そうしなかった場合は、ハイパーインフレを招き、社会に深刻な影響をもたらした」（米ウォールストリート・ジャーナル二〇一一年八月一五日付）。

この記事は恐ろしいことを伝えている。歴史上、何かしらの商品を裏づけとする兌換紙幣へ回帰しない限り、恒久的に通貨の価値を保った不換紙幣は存在しなかったというのだ。

記事は、世界最古の不換紙幣（紙幣本位制）は一〇〇〇年前の中国で生まれたとしている。その後、西欧社会でも紙幣本位制は踏襲されるが、そのほとんどの場合で（兌換紙幣からの脱却は）戦費の調達が理由であった。その上で記事は、国家の都合によって生み出された「歴史上のすべての紙幣制度は、ある程度の期間を経て、金融や経済の不安定化を経験し、急速な価値低下を伴った」（同前）と指摘。そして、一九七一年のニクソン・ショックから四〇年が経過した現行の紙幣本位制に対しても例外ではないと警告。「歴史的にみると、すべての紙幣制度は完全な失敗で終わるか、商品を裏づけとするマネーにタイミングよく戻るか、どちらかである。現行の紙幣制度の開始から四〇年が過ぎた今、我々はまた同じ岐路に直面している」（同前）と結んでいる。

ここに来て、世界中で金への投資に関心が高まっているという事実は、世界中の人たちが紙幣本位制の先行きに不安を覚えているということの裏返しだ。今は戦時ではないため戦費のための紙幣印刷は行なわれていないが、各国政府は景気対策として紙幣を刷りまくっている。実質的には紙でしかない不換紙幣は、政府や中央銀行の信用力を担保としている。一九七一年のニクソン・ショック以降、ほぼすべての先進国が完全なる不換紙幣を発行しているが、今の今まで紙キレと化さなかったのは政府と中央銀行が信任を維持しているからだ。それが、ここに来て揺らぎ始めている。

主要通貨の金に対する価格

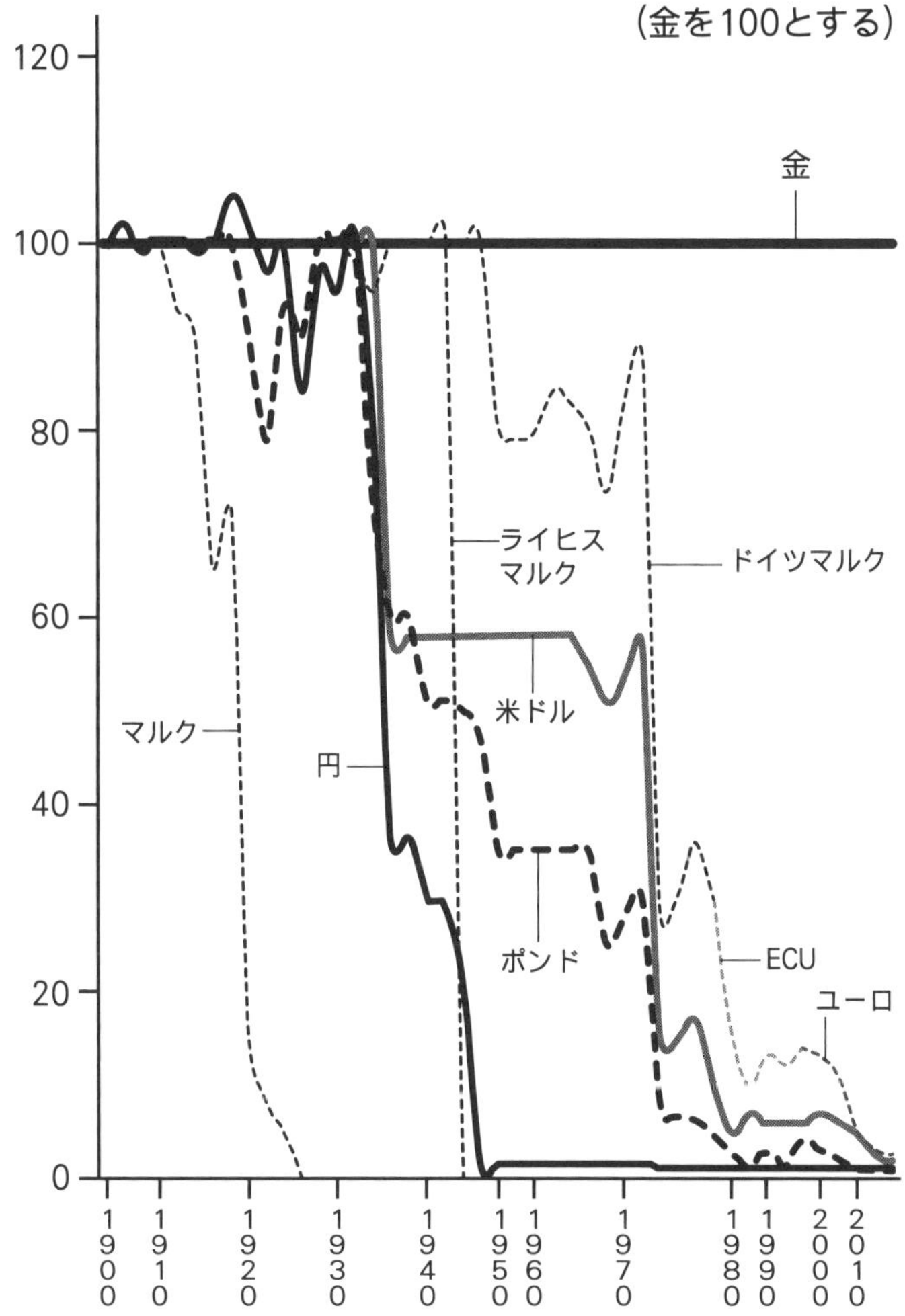

ブルームバーグ、ロイターのデータを基に作成

もちろん金本位制も決して万能ではなく、また近代の紙幣本位制が資本主義に大きな貢献をしたことは明らかだ。しかし、歴史上紙幣本位制は必ず失敗している。ベン・バーナンキ元FRB議長は「紙幣は本質的にインフレを招きやすい本質を持つ」と言ったが、金がドルに対して七二倍にもなったことは、紛れもないインフレを意味する。

だからといって、今さら金本位制に戻ることもできない。世界経済が大きくなりすぎたため、信用の裏付けとして金を使うには量が圧倒的に足りないのだ。では、どうなるか？　信用力の低い発行体から順に不換紙幣が紙クズになるのであろう。やはり、金の輝きこそが永遠なのである。

ところで、「オーバーストック」という会社をご存じだろうか？　著名投資家のジョージ・ソロス氏が筆頭株主となっている会社で、アメリカではアマゾンやイーベイほどの知名度があるオンライン小売大手だ。ソルトレイク・トリビューンによると、この会社の暫定ＣＥＯであるジョナサン・ジョンソン氏は不換紙幣が嫌いなことで有名で、常に金や銀の備蓄をしている。その額、一〇九〇万ドル（金が六三〇万ドル、銀が四六〇万ドル）。次に金融危機が来た際、従業員への給料に当てるそうだ。

彼は同社の会長であった二〇一五年当時、このように語っている――「金融危機が発生した場合、銀行休業日が来ると予想しています。二日間か二週間か二ヵ月かはわかりません。しかし、金と銀の金額が一〇〇〇万ドルあるので、給与に使用できます」。その理由について問われると、「不換紙幣には本質的価値はまったくない。金銀は歴史的に見ても価値を失ったことはない」（ソルトレイク・トリビューン二〇一五年一一月三日付）。

ここまでの対策は極端かもしれないが、やはり金に投資する価値はある。

第五章

究極の対策——金の正しい買い方、売り方

古代より価値を認められてきた金

金《きん》（ゴールド）には普遍的な価値がある。その輝きは、永遠と言ってよい。世界のどの鉱山会社が採掘したものだろうが、どの企業の刻印が押されたものだろうが、金は金である。フォーナイン（純度九九・九九％以上）の純金である以上、その価値は変わらない。それゆえ、金は特に有事における究極の資産保全手段として古くから利用されてきた。

ところが、歴史を振り返ると、金は国家による資産収奪の対象になったり、思うように売買ができなくなることが何度もあった。そして最近では、海外の刻印のある金を日本国内で売却することが難しくなっているのは、お伝えした通りだ。そういう意味では、有事はもちろん平時であっても金の売買については慎重に取り組む必要があるだろう。どこで、どのような金を、どういう方法で買うべきか？　金を保有する、金に投資するといっても様々な方法がある。

本章では、金に投資する際の様々な方法について解説すると共に、いざという時にも安全かつ有利に売買する方法について考えてみたい。

金投資の方法

■金現物（バー・コイン）

金を買うもっともポピュラーな方法が現物投資だ。現物投資は金地金（バー）、金貨（コイン）に大別される。地金商、鉱山会社、商社、銀行、百貨店などで購入することが可能だ。

金地金には五グラム、一〇グラム、二〇グラム、五〇グラム、一〇〇グラム、二〇〇グラム、三〇〇グラム、五〇〇グラム、一キログラムなどの種類がある。通常は販売価格と買取価格の間に所定の売買価格差（スプレッド）が設けられている。業者によって異なるが、もっとも一般的な大手地金商の場合、一グラム当たり八〇～九〇円程度のスプレッド（売る時の値段と買う時の値段の差）

が設定されている。たとえば、ある業者の販売価格が一グラム＝五〇八〇円で、買取価格が五〇〇〇円といった具合である。この場合であれば、顧客は一グラム＝五〇八〇円で金を買うことができ、五〇〇〇円で金を売ることができる。このスプレッドが、業者の手数料収入となる。

また、金には「バーチャージ」と呼ばれる独自の手数料がある。ただ、バーチャージがかかるのは五〇〇グラム未満の地金を売買する場合のみで、五〇〇グラム以上の地金を売買する場合はバーチャージはかからない。

このバーチャージは、一般に小口になればなるほどグラム当たりの手数料が割高になる傾向がある。バーチャージのみについて言えば、五〇〇グラム以上の地金を売買する方が有利だ。ただ、金地金を五〇〇グラム買うとなると、ある程度のまとまった金額が必要になる。一グラム＝五〇〇〇円とすると、手数料を別にしても二五〇万円かかる。

五〇〇グラム未満の比較的小口で金を売買したい場合は、地金ではなく金貨も選択肢になる。金貨であればバーチャージはかからないし、もっとも大きい一オンス金貨でも十数万円ほどで買うことができる。一方で、金地金に比べスプレッドが大きいのはデメリットと言える。大手地金商の場合、サイズの小さい金貨のスプレッドは価格の一〇%を超える。

金貨には記念硬貨などの収集型金貨と地金型金貨がある。収集型金貨の多くは金地金価格よりも高額で販売されているため、地金型金貨に投資するのが一般的だ。地金型金貨には、カナダの「メイプルリーフ金貨」、オーストラリアの「カンガルー金貨」、オーストリアの「ウィーン金貨」などがある。重量は一オンス（トロイオンス）、二分の一オンス、四分の一オンス、一〇分の一オンスなどの種類がある。

地金型金貨はグラム当たりの価格で見ると、金地金よりも高い。金貨の価格には「プレミアム」と呼ばれる鋳造するためのコストが上乗せされているからだ。このプレミアムは購入時にも売却時にも上乗せされる。つまり、購入する際にプレミアム分だけ高い価格で買わなければならない一方で、売却する際もプレミアム分だけ高い価格で売れるため、結果的に損得は生じない。

ただし、金貨の場合、地金以上に丁寧に扱う必要がある。金貨は、キズが付くと価値が下がってしまう。売却する際、プレミアム分の加算がなくなり、安い価格で買い取られることになる。

■純金積み立て

一般に「純金積み立て」と呼ばれる金の積み立ても手軽でポピュラーな方法だ。金には、価格変動がある。現物を買う場合、誰でも安く買いたいがそのタイミングは非常に難しい。下手をすると、高値づかみをしてしまうリスクがあるのは株式投資と同じだ。

このような価格変動リスクを軽減し、金を少しずつコツコツ購入できるのが純金積み立てである。現物を扱う地金商や鉱山会社、商社などの取扱業者を通じて、毎月一定額の金を買う仕組みだ。申し込んだ金額を営業日数で割り、毎日一定額の金を買い続けて行く。これは「ドルコスト平均法」と呼ばれる手法で、価格が高い日には少なく、安い日には多く買い付けることになる。月々数千円から始められる業者が多く、銀行口座からの自動引き落としを利用できるので手間もかからない。そのため、資産が少ない人や初心者はもちろん、忙しい人にも向いている。またドルコスト平均法の手堅さゆえ、貴金属の専門家にも支持者が多い方法だ。

純金積み立てを扱う業者の一部には「スポット購入」というサービスがあり、相場が下がった時などは、一時的に金を買い増すこともできる。スポット購入を利用する際の購入手数料は、無料にしている業者が多い。純金積み立ては手堅い金投資の方法と言えるが、年会費や購入手数料がかかる業者が多く、コストが比較的高いのが難点だ。そこで毎月の積み立て額は低めにしておき、金価格が安くなった時にスポット購入で買い増すという方法もある。もちろん、ある程度相場の動きを見極める必要はある。

積み立てた金は、業者が保管してくれる。そして、金の重量に応じて金地金や金貨、業者によってはジュエリーに交換することができる。もちろん、売却して現金として引き出すことも可能だ。

■金ＥＴＦ

比較的新しい金投資の方法に「金ＥＴＦ」がある。金ＥＴＦとは、金価格に連動する投資信託で、証券取引所に上場したものだ。株式と同様、リアルタイムで価格が変動し、証券会社を通じて売買する。

金ＥＴＦの登場は、いわば金が有価証券化されたことを意味する。これにより、これまで金の現物に投資することができなかった年金基金などの機関投資家が、金に投資できるようになった。

金ＥＴＦは世界の各市場に上場されているが、日本では二〇〇七年八月に第一号の金ＥＴＦが大阪証券取引所（現・大阪取引所）に上場された。これは「金価格連動型上場投資信託」（銘柄コード：１３２８）と呼ばれ、金価格に連動する債券に投資するタイプだ。間接的に金に投資していることに変わりはないが、現物の金ではなく債券が裏付けになっているため金の現物と交換することはできない。

その後、「ＳＰＤＲゴールド・シェア」（銘柄コード：１３２６）、「ＥＴＦＳ

金上場投資信託」（銘柄コード：１６７２）が東京証券取引所にそれぞれ上場した。先発の大証のものと異なり、これらの金ＥＴＦは金現物を裏付けとするため、信用リスクの面ではより安心感があると言えるだろう。金ＥＴＦの多くは現物の金とは交換できないが、東証に上場している「純金上場信託」（銘柄コード：１５４０、愛称：金の果実）は一キログラム以上より現物と交換可能だ。

金ＥＴＦの大きなメリットは、コストの安さだ。ＥＴＦには金以外にも様々な投資対象があるが、一般の投資信託に比べ信託報酬などの保有コストが非常に安いのが特徴である。銘柄にもよるが、金ＥＴＦの信託報酬は年率〇・四～〇・五％程度と非常に安い。金地金や金貨のようなスプレッドもない。比較的少額から投資できるのもメリットの一つだ。国内の金ＥＴＦの売買単位は一口または一〇口となっており、数千円または数万円から投資できる。

コストの安さから、金ＥＴＦは「低コストの金投資」の代名詞になっており、いわゆるファイナンシャル・プランナーと呼ばれる専門家らもこぞって勧める。だが、実は運用期間によっては必ずしも低コストで有利になるとは言い切れないことは意外に知られていない。ＥＴＦの信託報酬は一般的な投資信託に比べ非常に安いが、そもそも金地金や金貨を購入して自分で保管する場合は保有中のコストはかからない。金ＥＴＦの場合、保有期間が長くなるほど、信託報酬の負担が大きくなる。保有期間が長期におよぶと、驚くほど目減りする銘柄も見受けられる。金ＥＴＦは、長期保有には向かない。

■金鉱株・金鉱株ファンド

金鉱株（金の採掘や精錬などを行なう金鉱山会社の株式）や金鉱株ファンド（金鉱株に投資するファンド）に投資する方法もある。金鉱山会社は金価格が上昇すると利益が増える。そのため、金価格が上昇すればこれらの会社の株価も上昇し、逆に金価格が下落すると金鉱山会社の株価も下落する傾向がある。もちろん企業の株式に投資するわけだから、金価格と完全に連動するわけではないが、間接的に金に投資するのと同様の効果を得やすい。

注意すべき点としては、一般に金鉱株および金鉱株ファンドの値動きは、金価格そのものの値動きよりも大きくなりやすいということである。金価格と比べ、おおむね二～三倍大きな値動きになると言われている。金鉱山会社が金を採掘するためのコストは、金価格の上昇・下落に関わらずほとんど変わらない。そのため、金鉱山会社は金価格が上昇した場合、追加のコストをほとんどかけずに上昇分をまるまる利益にすることができる。逆に、金価格が下落してもコスト負担はほとんど変わらないため、利益は大幅に減る。

わかりにくいと思うので、具体例を挙げよう。一トロイオンス当たりの金価格が一五〇〇ドル、採掘コストが一〇〇〇ドルだったとしよう。すると、差額の五〇〇ドルが利益になる。その後、金価格が二〇％上昇し一トロイオンス当たり一八〇〇ドルになったとしよう。採掘コストは一〇〇〇ドルのまま変わらないとすると、差額の八〇〇ドルが利益になる。金価格の上昇が二〇％であるのに対して、金鉱山会社の利益は五〇〇ドルから八〇〇ドルへと六〇％も増えたことになる。よって、金価格が上昇すると金鉱株はそれ以上に値上がりし、金価格が下落すると金鉱株はそれ以上に値下がりする傾向があるのだ。

なお、金鉱株は世界に数多くあるが、日本の企業では「住友金属鉱山」がその代表格と言える。金鉱株ファンドについても、世界各国の金鉱山会社に投資するファンドなどが日本の証券会社でも販売されている。興味がある人は各証券会社に問い合わせてみるとよいだろう。ただ、述べたように一般の金投資に比べリスク・リターンとも高めになるため、初心者は避けた方が無難と言える。

以上が比較的よく知られた金投資の方法である。続いて、一般にはあまり知られていない特殊な金投資の方法について述べて行こう。

商品先物会社で買う方法

商品先物会社といえば商品先物取引の専門業者だ。ただし、ここで先物取引を勧めるつもりはまったくない。ご存じの方も多いと思うが、先物取引は極めてハイリスク・ハイリターンな取引なので、素人が手を出すべきものではない。安易に手を出せば、あっという間に全財産を失いかねないリスクの高い取引手法だ。

しかし、商品先物会社も使いようによっては一般の金投資と同程度のリスクで金に投資することが可能だ。意外に知られていないが、実は商品先物会社でも金地金を買うことができる。しかも、一般の地金商よりも手数料が安い。

地金商などで金地金を売買する場合、一グラム当たり八〇～九〇円程度のスプレッドがあるのが普通だ。このスプレッドが商品先物会社の場合、五〇～六〇円程度であることが多い（ただし、業者によってはこれよりもスプレッドが大きいところもある）。スプレッドが小さい業者で取引すれば、結果的に金を割安に買うことができるのである。

もう一つ特殊な方法で金を買う方法を紹介しよう。それは先物市場で金を買い建て、最終的に現物で受け取る方法（これを「現受け」という）である。日本では、金の先物は東京商品取引所（東商取）に上場されている。そして東商取の金価格は、売値も買値も同一の価格で取引される。その分、現物の金よりも若干有利な価格で売買できることも少なくない。

具体的には商品先物会社に口座を開設し、所定の取引証拠金（その時の金価格にもよるが、金地金の総代金のおおむね数％程度）を預ければ取引可能である。そして商品先物会社に買い注文を出し、金を買い付ければとりあえず一段落だ。その後、取引の最終期限（最長一二ヵ月以内の偶数月）が到来した時点で総代金（すでに預けている取引証拠金を差し引いた残額）を支払い、現物の金を受け取る。

大まかな方法は以上であるが、実際に取引する場合は商品先物会社に詳細をよく確認する必要がある。今すぐには資金が用意できないが、相場が上昇しそうなので価格が安い今のうちに買っておきたい、というような場合には便利な方法である。

ただし、これら二つの方法は基本的にはあまりお勧めできない。特に二つ目の「先物市場で金を買う方法」は、先物取引の仕組みを理解していない人は絶対に避けるべきである。確かに有利な価格で金を買うことができるかもしれないが、デメリットやリスクも少なくないからだ。

業者によっては最終的に現物で受け取る「現受け」を受け付けていないところも数多くある。それを知らずに取引すると、通常のハイリスクな先物取引をやることになりかねない。また、業者によっては、昔ながらの強引な営業を受けることもあり得る。「こっちの方が儲かりますよ」と言って、より多くの手数料収入が見込める通常の先物取引を勧められる可能性も低くない。現物を買う、あるいは現受けをするという確固たる意志をもって臨まなければ、プロの営業マンに簡単に言いくるめられてしまうだろう。

とにかく、商品先物会社を利用する場合は十分注意してほしい。これら二つの方法は、あくまでも中上級者向けの特殊な方法と言えるだろう。

金の保管方法

金を現物で保有する場合、頭を悩ませるのが保管方法だ。まず思い付くのが金庫だろう。ただし、金庫には落とし穴もある。普通、金庫には貴重品など重要なものを入れておく。泥棒にしてみれば「貴重品はここに入っていますよ」と教えてくれているようなものなのだ。だから、中途半端な金庫はかえって危ない。重量の軽い金庫や簡単に開けられる金庫に貴重品を入れておくのは、自殺行為と言える。

金庫を設置するのであれば、丈夫で簡単には持ち運べないものでなければかえって危険だ。今の泥棒は三〇〇キロくらいの重量の金庫であれば、台車を使い、二人くらいで簡単に持ち運んでしまうという。だから、一トン前後の重量はほしい。さらに金庫そのものの持ち去りを防ぐためには、金庫の床固定が有効だ。金庫の内側からボルトで床に固定してしまうのだ。また、金庫破りの対策も重要だ。一般家庭に広く普及している「耐火金庫」では意味がない。耐火金庫は文字通り耐火性能に優れるが、対破壊性は劣る。たとえ大型のものでも、簡単に破壊されてしまうのだ。

耐火金庫よりも対破壊性に優れたものに「防盗金庫」がある。金庫を備えるのであれば防盗金庫にするべきだ。さらに金庫本体はもちろん、設置されている部屋にも警報装置を付ければ安全性は高まる。それでも、金庫だけに自宅にあるすべての財産を入れてはいけない。万が一に備え、別の場所にも何ヵ所かに分けて保管しておくべきだ。

ただ、金庫は場所をとるし、一トン前後の金庫ともなると一般的な住宅の床では底が抜けてしまうから補強工事が必要になる。賃貸住宅などでは家主の許可がいるだろうし、なかなかおいそれとは行かないだろう。自宅に堅牢な防盗金庫が用意できないのであれば、銀行の貸金庫を利用するのも手だ。下手な金庫よりは、銀行の貸金庫の方がはるかに安全だ。万が一、貸金庫を利用している金融機関が破綻した場合も、預金とは違うので損害を受けることはない。

安全性の高い貸金庫であるが、本当の意味で一〇〇%安全とは言い切れない。ロシアが国家破産した時には、信じられないことに貸金庫の財産が没収されてしまったのだ。日本国が破産した場合、ロシアと同じことが起きるかはわからないが、この点には注意する必要がある。

地金商や鉱山会社など、信頼できる金の取扱会社に保管してもらう方法もある。手持ちの金を持ち込んだ場合、保管料がかかるが、金購入と同時に保管も依頼した場合は無料で保管してくれる業者もある。

金取扱会社の保管方法には「特定保管」（混合寄託）と「消費寄託」の二つがある。特定保管はいわゆる保護預かりのことで、業者は顧客から預かった金を自社の地金や財産とは区別して預かる。そのため、業者が破綻した場合でも顧客の資産は保全される。

一方、消費寄託の場合は、業者は顧客から預かった金を手元に保管しておかなくてもよい。そのため、業者が破綻した場合、預けた金の一部が返還されないこともあり得る。その代わり、消費寄託では金を運用に使って利益を上げることもでき、その運用益の一部を顧客に還元する業者もある。運用益が得られる消費寄託は魅力的ではあるが、万が一の時には保証がないため、業者の財務状況までしっかりチェックする必要があるだろう。それをチェックする自信がないのなら、特定保管を選ぶのが無難である。

金の正しい買い方、売り方、保管の方法

さて、金投資の方法と保管方法について具体的に解説してきたが、特に金融危機や国家破産、巨大災害などの有事を想定した場合、結局、金をどのような形で売買し、どのように保管するべきなのか？　いよいよ、皆さんにその究極の対策を披露しよう。

ポイント①　現物で保有する

まず一番のポイントは、金を必ず現物で保有することだ。有事の際には、預かり証や証書などのペーパー、あるいはオンライン上の取引履歴などは当てにならないと考えておいた方がよい。「当社は貴方様の金を確かに預かりました。ご要望があれば、いつでも現物の金あるいは現金にてお返しします」――このような契約は、平時においては当然履行されるが社会が混乱する有事においては

は非常に心許ない。そういう意味では金ＥＴＦは避けるべきだし、純金積み立てについてもある程度重量が貯まったら地金やコインに交換しておくべきだ。

現物で保有する際、地金で保有するべきか、あるいはコインで保有するべきか？　これはどちらでも問題ない。コスト（スプレッド）を重視するなら、コインではなく地金を保有する方が有利だ。ただし、地金を保有する場合は、どこで、どのような地金を買うかということが非常に重要になる。すでに海外刻印のある金地金の売却は難しくなっているし、有事の際には地金の種類によってはまったく役に立たないという事態もあり得る。

では、どのような地金を選ぶべきか？　まず海外ブランドの刻印は避け、国内ブランドの刻印のある地金を選ぶことだ。また、もっともポピュラーな一キログラムの地金は選ぶべきではない。売却や流通面で利便性が低いからだ。金は高価なため、手のひらサイズにすぎない一キログラムの地金でも価格は五〇〇万円を超える。

たとえば、一キログラムの地金を売却し一〇〇万円だけ現金化したいという場合でも、一部を売却することはできない。ましてや有事ともなれば、一キログラムのような高価過ぎる地金は業者が歓迎しない可能性が高い。混乱時には、より使い勝手のよい小口の地金にニーズが集中し、一キログラムの地金を買い取っても転売しづらくなる可能性があるからだ。相場よりも安く買い叩かれたり、最悪、買い取りを拒否されることも考えられる。

ポイント②　税制を考慮する

金地金を買う際に絶対に考慮すべきは、税制と税制に関連するルールだ。一般の人にとって税制は小難しいし、避けたくなる気持ちはわかるが、これを知っているかどうかで有事、平時いずれにおいても大きな差が生じ得る。

個人の一般的な売買による金の売却益は、原則として譲渡所得として扱われる。他の所得と合算して総合課税の対象となる。ただし、営利を目的として継続的に金地金の売買をしている場合は譲渡所得とはならず、その実態により事業所得または雑所得として扱われる場合もある。

総合課税の譲渡所得については、所有期間五年超の「長期譲渡所得」と所有期間五年以内の「短期譲渡所得」に分けられる。長期譲渡所得の場合、所得は半分とされ、その分、税金が安くなる。

そしてここが重要なポイントになるが、その年の譲渡所得の合計額に対して五〇万円の特別控除がある。そのため、売却益が他の譲渡所得と合計して年間五〇万円以下であれば非課税となる。総合課税の譲渡所得の計算式は次ページの通りだ（わかりやすいように簡略化している）。また、金地金、金貨の一回の売却額が二〇〇万円を超えた場合は、業者は顧客との取引内容を記載した「支払調書」を税務署に提出する義務がある。支払調書にはマイナンバーも記載されるため、二〇〇万円超の売却についてはマイナンバーの提出も求められる。

これらの点を考慮すると、一〇〇グラムの金地金が選択肢になる。現在の相場水準なら、譲渡所得が年間五〇万円以下になるよう売却益をコントロールしやすいし、一回の売却額を二〇〇万円以下に収めることができる。譲渡所得を年間五〇万円以下に収めれば税金がかからず、マイナンバー提出も不要である。

金を売却した時の税金

長期譲渡所得

課税所得＝（売却益－50万円）×1/2

例：6年前に100万円で購入した金を
200万円で売却した場合

（200万円－100万円－50万円）×1/2
＝25万円

短期譲渡所得

課税所得＝売却益－50万円

例：3年前に100万円で購入した金を
200万円で売却した場合

200万円－100万円－50万円＝50万円

読者の中には、何十年も前に購入した金を保有している方もいるだろう。そのような方で当時の領収書など、購入の記録を保管していない方は要注意だ。正確な購入額がわからない。購入価額が不明の場合は、譲渡による収入金額（つまり売却額）の五％相当額が取得価額とされる。たとえば、一キログラムの金地金を五〇〇万円で売却した場合、購入額がわからなければ二五万円（五〇〇万円×五％）を取得価額とされるのだ。金を二五万円で買って、五〇〇万円で売り、四七五万円の売却益が出たものとして納税しなければならないのだ。当然、納税額も高額になる。このようなことを避けるためにも、売買の記録は必ず保管しておくべきなのだ。

それでも、売買記録を紛失してしまうリスクは誰にでもある。そのような時に強力な味方になるのが一〇〇グラム以下の地金だ。一〇〇グラムの地金は現在、五〇万円強だ。仮に五〇万円で売却したとすると、購入額が不明な場合、取得価額は二万五〇〇〇円（五〇万円×五％）とされ、売却益は四七万五〇〇〇円となる。もう、おわかりだろう。五〇万円の特別控除の範囲内に収まり、

金地金を購入するなら100g以下が得策

①売却時のマイナンバー提出が不要

②50万円の特別控除の範囲内に収めて非課税にすることが可能

③購入額が不明で、売却額の5%を取得価額とされても問題ない
（特別控除の範囲内であれば、非課税になるため）

他の譲渡所得（総合課税）がなければ、非課税になるわけだ。これなら売買記録を紛失してしまっても問題ない。

ポイント③　国内の新しいブランドの刻印のある地金を選ぶ

密輸の多発により、海外ブランドの刻印のある地金の売却が難しくなっている現状では、国内ブランドの刻印のある地金を選ぶことが必須だ。田中貴金属や三菱マテリアルなど、信頼のおける国内ブランドの地金は安心感がある。ただ、密輸品が出回る現状では意外にも国内の新しいブランドの地金のニーズが高まる可能性がある。国内のブランドであることに加え、ブランドの歴史が浅いことでかえって密輸品の可能性が低いとみなされるからだ。

裏技――金地金を小口に分割する方法

ここまで読まれた読者の中には、「一〇〇グラム以下の地金を買えばよいのはわかった。でも、すでに一キログラムの地金を買ってしまったよ」とお嘆きの方もいらっしゃるだろう。あるいは、海外刻印の金地金を保有していて、売れなくて困っている方もいらっしゃるだろう。

一キログラムの地金を一部、売却することは当然できない。しかし、実は一キログラムの地金一個を一〇〇グラムの地金一〇個に分けることは可能だ。「精錬」あるいは「鋳直し」と呼ばれる方法で、金地金を小口に分割するのだ。

金地金の分割サービスを行なう業者はいくつもあるが、信頼できる業者を利用することが大前提だ。加工を依頼する間、地金を預けるわけで、悪質な業者に引っ掛かると偽物の小口地金をつかまされかねない。

業者によるが、一キログラムの地金を一〇〇グラムの地金に分割する場合、料金は一〇万円～十数万円かかるところが多い。

金は全資産の一〇%を長期的視野で保有する

実物資産の金は相場の変動こそあれ、無価値になることはまず考えられない。それは株式や債券、通貨などのペーパー資産にはない性質で、その意味で金は究極の資産と言える。しかし、金の最大のデメリットは、〝お金を生まない〟ということだ。通常、金を保有していても利息や配当が付くわけではない。

このような性質を踏まえると、金投資は株式の暴落や金融危機、インフレ、戦争などの有事の際のリスクヘッジとして活用するのが基本だ。そのため、資産の大部分を金で保有するのはお勧めできない。金の保有割合は、全資産の一〇分の一か、最大でも五分の一程度が適正だろう。

しかし、有事に強い金も決して万能とは言えない。最大のネックは重さだ。金は、とにかく重い。比重は一九・三二だから、水の二〇倍近い重さがある。たとえば、戦争や災害などの有事の際に、仮に一億円分の金を持ち出すとする。

その重さは二〇キログラムを超える。そのような重いものを身に付けて逃げるのは、現実的ではない。

この点で頼りになるのがダイヤだ。ダイヤも高価だが、金よりもはるかに軽く、一般的なサイズのものなら重さは一グラムにも満たない。それにも関わらず、価格は数百万円～数千万円にもなる。ダイヤなら、一億円の資産でも容易に運ぶことができる。有事への備えとしては、金だけでなくダイヤも併用することをお勧めする。

㈱第二海援隊グループでは、ダイヤについて信頼できるルートを確保し、デパートの小売価格の三分の一以下という価格での購入が可能でＧＩＡ（米国宝石学会）の鑑定書付きという、海外に持ち運んでも適正価格での売却が可能な条件を備えたダイヤモンドの売買ができる情報を提供している。ご関心がある方は左記、「ダイヤモンド投資情報センター」にお問い合わせいただきたい（二〇一ページ参照）。

確かに、金は利息や配当といったインカムゲインは生まない。しかし、長期的には非常に有望な資産であると私は見ている。二〇一九年七月三一日、アメリカが一〇年ぶりに利下げに転じた。新興国を含め、すでに多くの国が利下げを行なっているが、アメリカが利下げに踏み切ったことでいよいよ世界的な金融緩和競争が再燃する情勢になってきた。利下げをはじめ金融緩和は金利の付かない金には追い風であり、金相場に上昇圧力をかける。

また、激化する米中貿易戦争、世界中の政府、企業、家計で膨張する過剰債務など世界経済への先行き不安はかつてないほどに高まっている。その不安を反映するように、米国株が史上最高値を更新する一方で、金価格もまた下落せず底堅く推移している。激動をも予感させる現在の世界経済の状況を考えると、資産の一部は常に金で保有するのが資産防衛の鉄則と言える。

私の会社では、これまで述べてきたように国家破産時の最後の資産保全手段である金について『「金」の全てを語る講演会』を二〇一九年一二月一四日(土)東京御茶ノ水の第二海援隊隣接セミナールームにて特別開催予定である。ぜひ、ご参加いただきたい。

エピローグ

「国家とは、個人から資産を収奪するための機関である」

金《きん》（ゴールド）は確かに資産防衛における〝最終兵器〟だ。なんと言っても、古代エジプト以来人類永遠の富の象徴であり、不変の輝きと価値を維持し続けてきたのだ。

しかし、金にとって唯一の〝天敵〟が出現した。それこそ「国家権力による統制」という頭の痛くなる問題である。恐慌や国家破産という有事に、政府は容赦なく個人の資産の制限や収奪という強行手段に打って出てくる。歴史の年表をたどれば、そうした事例は驚くほど多く存在する。

ただ、人々がすぐ忘れてしまったり記憶していないのは、国家はそうした事実を隠して歴史の闇のかなたに消し去っているからだ。だからこそ、ヨーロッパの大富豪の間では昔から「国家とは、個人から資産を収奪するための機関である」という恐るべき言葉が言い伝えられてきたのだ。

それはさておき、金そのものは間違いなく資産を保全するためのもっとも有効な手段の一つである。しかし、どんなモノにでも正しい使い方や使用上の重大な注意事項があるように、金にも正しい買い方、売り方、および保有上の注意事項やリスクが存在する。金をただ買って持っておけば、それですべて安心・安全という時代は終わったのだ。

そのことを、今回の〝令和の金騒動〟は私たちにはからずも知らしめることになった。あなたの命の次に大事な老後資金を守り抜くために、本書が大いに役立つことを祈って、筆を置きたい。

二〇一九年八月吉日

浅井　隆

■今後、『2020年の衝撃』『中国発世界大恐慌で1ドル＝90円、日経平均1万4000円へ』（すべて仮題）を順次出版予定です。ご期待下さい。

浅井隆からの重要なお知らせ

——恐慌および国家破産を勝ち残るための具体的ノウハウ

金に関する本当の情報をお伝えする特別レクチャー

私の会社では、これまで述べてきたように国家破産時の最後の資産保全手段である金について『金』の全てを語る講演会」を二〇一九年一二月一四日（土）東京御茶ノ水の第二海援隊隣接セミナールームにて特別開催いたします。質問時間もたっぷりありますので、ぜひご参加下さい。

詳しいお問い合わせ先は、㈱第二海援隊まで。

■第二海援隊連絡先

TEL：〇三（三二九一）六一〇六　FAX：〇三（三二九一）六九〇〇

Eメール：info@dainikaientai.co.jp
ホームページアドレス：http://www.dainikaientai.co.jp/

「オプション研究会」好評始動中!!

リーマン・ショックから一〇年。市場はすさまじい恐慌相場による教訓を忘れ、一部では溢れかえる金融緩和マネーの流入によってバブル経済を引き起こしつつあります。世界経済は次なる暴落局面に向けて着々とエネルギーを蓄えているかのようです。しかし、こうした相場大変動の局面は「オプション投資」にとっては千載一遇の大チャンスにもなり得ます。

このチャンスをしっかりとモノにできれば、サラリーマンは資産家に、そして小金持ちは大富豪になることすら夢ではありません。ただ、この好機をつかむためには、オプション取引の基本を理解し、暴落相場における収益シミュレーションを入念に行なって、いざコトがはじまった時にすぐさま対応できるよう準備を整えることが何より重要です。またこうした準備は、なるべく早いうちに行なうことが成功のカギとなります。

そこで今回、浅井隆自らがオプション投資の魅力と活用のコツ、そしてそれを実践するための基本から、暴落時の投資シナリオに至るまでの必要な知識と実践法を伝授し、そしてイザ大変動が到来した際は、投資タイミングに関する情報も発信する新たな会員制クラブ「オプション研究会」を二〇一八年一〇月一日に発足しました。募集早々からお問い合わせが殺到し、第一次募集の定員一〇〇名と、追加枠の一〇〇名の合計二〇〇名についても満員となりました。現在はキャンセル待ちにてのご入会受付となっており、入会までお時間をいただくことになりますことをご了承下さい。なお体制整備を図り、二〇一九年内には最後の追加募集を実施する予定です。こちらも応募の殺到が予想されますので、お早めのお申し込みをお奨めします。

ここで「オプション取引」についてご存じない方のために、ごく簡単にその魅力の一端をご紹介します。

まず、投資対象は大阪取引所に上場されている「日経平均オプション」とい

オプションとは

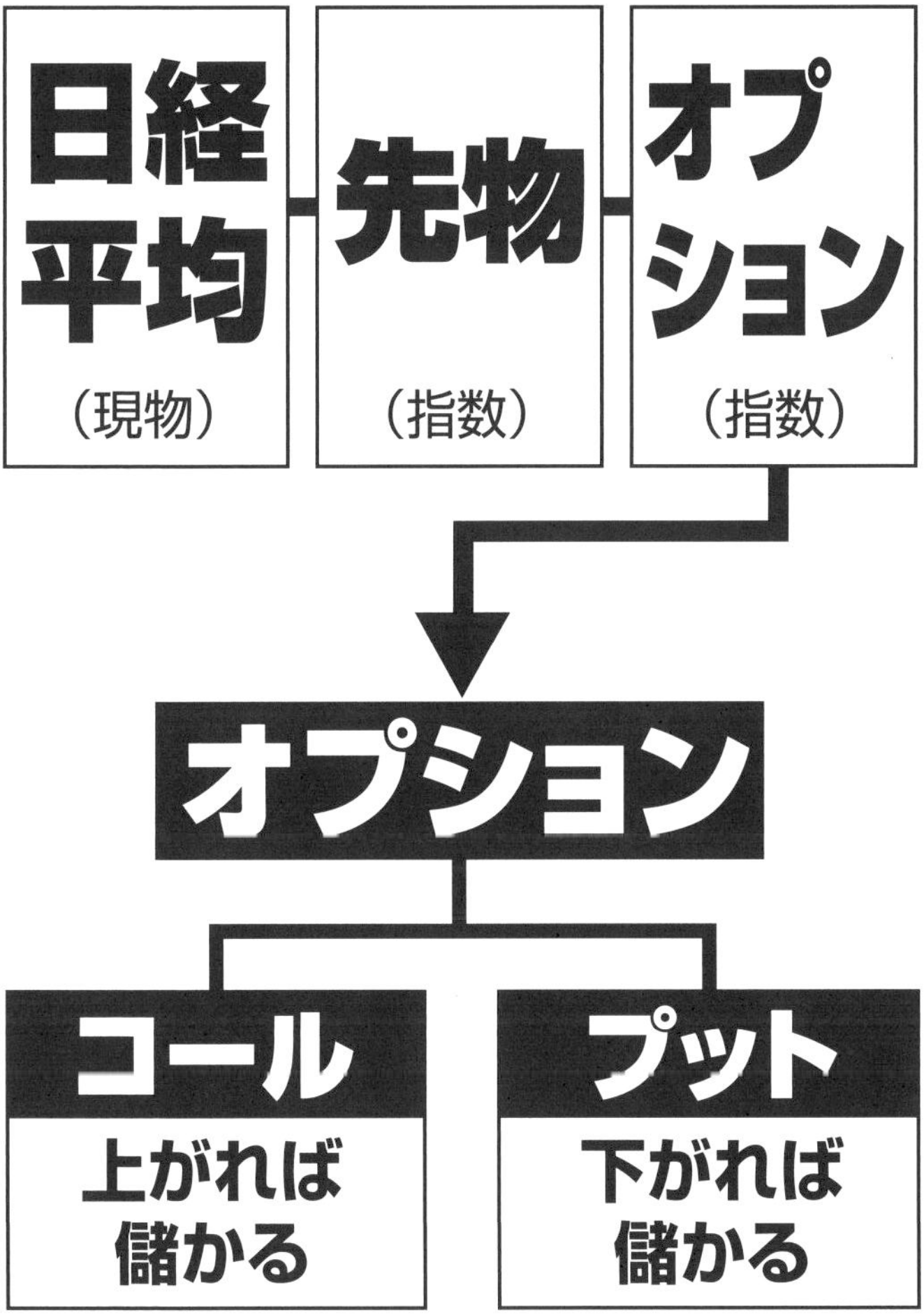

う金融商品で、ある将来時点での日経平均株価を、あらかじめ決まった価格で「買う」または「売る」ことのできる権利を売買する取引になります。投資に少し明るい方や投資本などからは「リスクが高く難しいプロ向けの投資法」という指摘がありますが、これは「オプション取引」の一側面を説明しているに過ぎません。実は基本的な仕組みとリスクの高いポイントを正しく理解すれば、リスクを限定しつつ、少額から投資して資金を数十～数百倍にもすることが可能となる、極めて魅力的な投資法となるのです。

オプション取引の主なポイントは以下の通りです。

①取引を権利の「買い建て」に限定すれば、損失は投資した額に限定され、追証が発生しない（つまり損失は限定）

②数千もの銘柄がある株式投資と異なり、日経平均の「買う権利」（コール）を買うか「売る権利」（プット）を買うかなので、ある意味単純明快

③日本の株価がいつ大きく動くのか、タイミングを当てることが成否の最大のポイント

④給与や年金とは分離して課税される（税率約二〇％）
⑤二〇一九年後半～二〇二〇年、株式相場は大荒れが予想されるのでオプションは人生最大のチャンスになる！

「オプション研究会」では、オプション投資はおろか株式投資の経験もないという方でも、チャンス到来の時にはしっかりと取引を行なって収益機会を活用できることを目指し、懇切丁寧に指導いたします。もちろん、オプション取引は「誰でも簡単に投資し、利益を得られる」というものではありませんが、「一生に一度」にもなるかもしれない好機をぜひ活かしたいという意欲があれば、必ずやこのクラブを通じてオプション投資の基本を習得し、そして実践できるだけの力を身に付けていただけると自負いたします。また、大きな収益期待がある投資方法は、それに伴うリスクにも十分に注意が必要となりますが、その点についてもクラブにて手厚く指導いたしますのでご安心下さい。

ご関心がおありの方は、ぜひこのチャンスを逃さずにお問い合わせ下さい。

㈱日本インベストメント・リサーチ「オプション研究会」担当　山内・稲垣・関。

ＴＥＬ：〇三（三二九一）七二九一　ＦＡＸ：〇三（三二九一）七二九二
Ｅメール：info@nihoninvest.co.jp

浅井隆が詳説！「オプション研究会」無料説明会ＤＶＤ

オプションに重大な関心を寄せているものの、どのようにしてオプション投資にとりかかればよいかわからないという方のために、浅井隆自らがオプション投資の魅力と活用のコツ、そしてそれを実践するための専門的な助言クラブである「オプション研究会」の内容を詳しく解説した無料説明会ＤＶＤを頒布いたします（内容は二〇一八年一二月一五日に開催した説明会を収録したものです）。「書籍を読んだけど、今少し理解を深めたい」「浅井隆からのメッセージを直接聞いてみたい」という方は、ぜひこの機会にご入手下さい。なお、音声のみをご希望の方にはＣＤの頒布もございます。

「オプション研究会　無料説明会　受講ＤＶＤ／ＣＤ」

（収録時間：ＤＶＤ・ＣＤとも約一六〇分）

価格：特別ＤＶＤ……三〇〇〇円（実費 送料込）
　　　　ＣＤ……二〇〇〇円（実費 送料込）
※ＤＶＤ・ＣＤとも、お申し込み確認後約一〇日でお届けいたします。
「オプション研究会 無料説明会 受講ＤＶＤ」に関するお問い合わせは、
㈱日本インベストメント・リサーチ オプション研究会 担当」まで。
ＴＥＬ：〇三（三二九一）七二九一　ＦＡＸ：〇三（三二九一）七二九二
Ｅメール：info@nihoninvest.co.jp

厳しい時代を賢く生き残るために必要な情報収集手段

日本国政府の借金は、先進国中最悪でＧＤＰ比二四〇％に達し、太平洋戦争終戦時を超えていつ破産してもおかしくない状況です。国家破産へのタイムリミットが刻一刻と迫りつつある中、ご自身とご家族の老後を守るためには二つの情報収集が欠かせません。

一つは「国内外の経済情勢」に関する情報収集、もう一つは「海外ファンド」

や「海外の銀行口座」に関する情報収集です。これらについては、新聞やテレビなどのメディアやインターネットでの情報収集だけでは十分とは言えません。私はかつて新聞社に勤務し、以前はテレビに出演をしたこともありますが、その経験から言えることは「新聞は参考情報。テレビはあくまでショー（エンターテインメント）」だということです。インターネットも含め誰もが簡単に入手できる情報でこれからの激動の時代を生き残って行くことはできません。

皆さんにとって、もっとも大切なこの二つの情報収集には、第二海援隊グループ（代表：浅井隆）が提供する特殊な情報と具体的なノウハウをぜひご活用下さい。

〝恐慌および国家破産対策〟の入口「経済トレンドレポート」

皆さんに特にお勧めしたいのが、浅井隆が取材した特殊な情報や、浅井が信頼する人脈から得た秀逸な情報をいち早くお届けする「経済トレンドレポート」です。今まで、数多くの経済予測を的中させてきました。

そうした特別な経済情報を年三三回（一〇日に一回）発行のレポートでお届

けします。初心者や経済情報に慣れていない方にも読みやすい内容で、新聞やインターネットに先立つ情報や、大手マスコミとは異なる切り口からまとめた情報を掲載しています。

さらにその中で恐慌、国家破産に関する『特別緊急警告』も流しております。「激動の二一世紀を生き残るために対策をしなければならないことは理解したが、何から手を付ければよいかわからない」「経済情報をタイムリーに得たいが、難しい内容にはついて行けない」という方は、まずこの経済トレンドレポートをご購読下さい。経済トレンドレポートの会員になられますと、講演会など様々な割引・特典を受けられます。詳しいお問い合わせ先は、㈱第二海援隊まで。

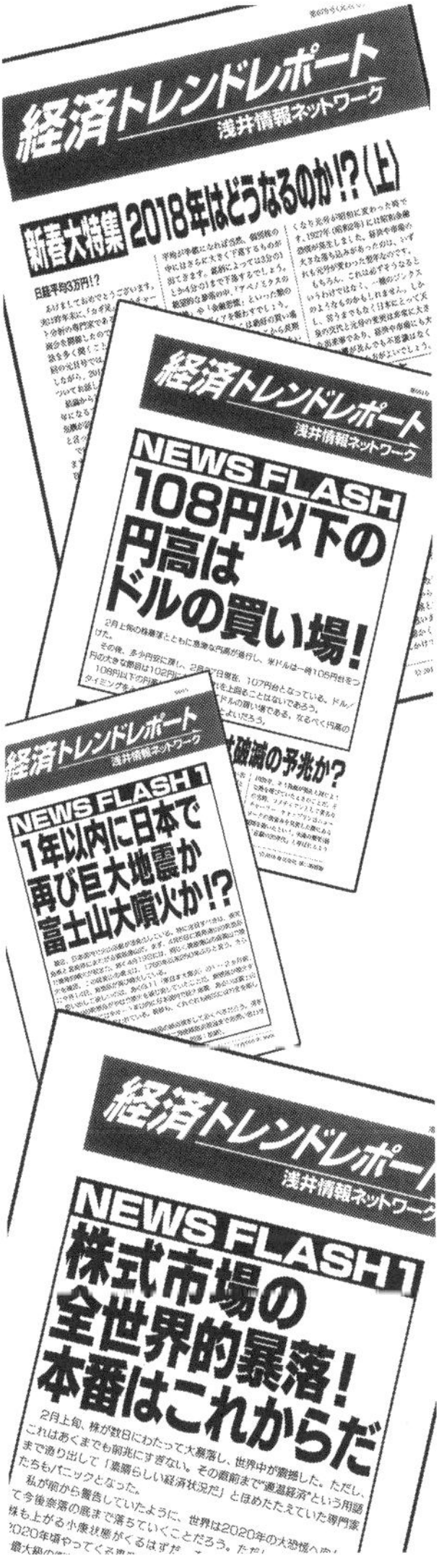
経済トレンドレポート
浅井情報ネットワーク
新春大特集 2018年はどうなるのか!?（上）

経済トレンドレポート
浅井情報ネットワーク
NEWS FLASH
108円以下の円高はドルの買い場!

経済トレンドレポート
浅井情報ネットワーク
NEWS FLASH 1
1年以内に日本で再び巨大地震か富士山大噴火か!?

経済トレンドレポート
浅井情報ネットワーク
NEWS FLASH 1
株式市場の全世界的暴落!本番はこれからだ

恐慌・国家破産への実践的な対策を伝授する会員制クラブ

国家破産対策を本格的に実践したい方にぜひお勧めしたいのが、第二海援隊の一〇〇％子会社「株式会社日本インベストメント・リサーチ」（関東財務局長（金商）第九二六号）が運営する三つの会員制クラブ（「自分年金クラブ」「ロイヤル資産クラブ」「プラチナクラブ」）です。

まず、この三つのクラブについて簡単にご紹介しましょう。「自分年金クラブ」は、資産一〇〇〇万円未満の方向け、「ロイヤル資産クラブ」は資産一〇〇〇万～数千万円程度の方向け、そして最高峰の「プラチナクラブ」は資産一億円以上の方向け（ご入会条件は資産五〇〇〇万円以上）で、それぞれの資産規模に応じた魅力的な海外ファンドの銘柄情報や、国内外の金融機関の活用法に関する情報を提供しています。

恐慌・国家破産は、なんと言っても海外ファンドや海外口座といった「海外の活用」が極めて有効な対策となります。特に海外ファンドについては、私たちは早くからその有効性に注目し、二〇年以上にわたって世界中の銘柄を調査してまいりました。本物の実力を持つ海外ファンドの中には、恐慌や国家破産といった有事に実力を発揮するのみならず、平時には資産運用としても魅力的なパフォーマンスを示すものがあります。こうした情報を厳選してお届けするのが、三つの会員制クラブの最大の特長です。

その一例をご紹介しましょう。三クラブ共通で情報提供する「ATファンド」は、先進国が軒並みゼロ金利というこのご時世にあって、年率六～七％の収益を安定的に挙げています。これは、たとえば三〇〇万円を預けると毎年約二〇万円の収益を複利で得られ、およそ一〇年で資産が二倍になる計算となります。しかもこのファンドは、二〇一四年の運用開始から一度もマイナスを計上したことがないという、極めて優秀な運用実績を残しています。日本国内の投資信託などではとても信じられない数字ですが、世界中を見渡せばこうした優れた銘柄はまだまだあるのです。

冒頭にご紹介した三つのクラブでは、「ATファンド」をはじめとしてより高い収益力が期待できる銘柄や、恐慌などの有事により強い力を期待できる銘柄など、様々な魅力を持ったファンド情報をお届けしています。なお、資産規模が大きいクラブほど、取扱銘柄数も多くなっております。

また、ファンドだけでなく金融機関選びも極めて重要です。単に有事にも耐え得る高い信頼性というだけでなく、各種手数料の優遇や有利な金利が設定されている、日本にいながらにして海外の市場と取引ができるなど、金融機関も様々な特長を持っています。こうした中から、各クラブでは資産規模に適した、魅力的な条件を持つ国内外の金融機関に関する情報を提供し、またその活用方法についてもアドバイスしています。

その他、国内外の金融ルールや国内税制などに関する情報など資産防衛に有用な様々な情報を発信、会員様の資産に関するご相談にもお応えしております。浅井隆が長年研究・実践してきた国家破産対策のノウハウを、ぜひあなたの大切な資産防衛にお役立て下さい。

詳しいお問い合わせは「㈱日本インベストメント・リサーチ」まで。

TEL：〇三（三二九一）七二九一　FAX：〇三（三二九一）七二九二
Eメール：info@nihoninvest.co.jp

「ダイヤモンド投資情報センター」

現物資産を持つことで資産保全を考える場合、小さくて軽いダイヤモンドは持ち運びも簡単で、大変有効な手段と言えます。近代画壇の巨匠・藤田嗣治は第二次世界大戦後、混乱する世界を渡り歩く際、資産として持っていたダイヤモンドを絵の具のチューブに隠して持ち出し、渡航後の糧にしました。金《きん》だけの資産防衛では不安という方は、ダイヤモンドを検討するのも一手でしょう。

しかし、ダイヤモンドの場合、金《きん》とは違って公的な市場が存在せず、専門の鑑定士がダイヤモンドの品質をそれぞれ一点ずつ評価して値段が決まるため、売り買いは金《きん》に比べるとかなり難しいという事情があります。そのため、信頼できる専門家や取扱店と巡り合えるかが、ダイヤモンドでの資産保全の成否の分かれ目です。

そこで、信頼できるルートを確保し業者間価格の数割引という価格での購入が可能で、ＧＩＡ（米国宝石学会）の鑑定書付きという海外に持ち運んでも適正価格での売却が可能な条件を備えたダイヤモンドの売買ができる情報を提供いたします。

ご関心がある方は「ダイヤモンド投資情報センター」にお問い合わせ下さい。

ＴＥＬ：〇三（三二九一）六一〇六　担当：大津

『浅井隆と行くニュージーランド視察ツアー』

南半球の小国でありながら独自の国家戦略を掲げる国、ニュージーランド。浅井隆が二〇年前から注目してきたこの国が今、「世界でもっとも安全な国」として世界中から脚光を浴びています。核や自然災害の脅威、資本主義の崩壊に備え、世界中の大富豪がニュージーランドに広大な土地を購入し、サバイバル施設を建設しています。さらに、財産の保全先（相続税、贈与税、キャピタルゲイン課税がありません）、移住先としてもこれ以上の国はないかもしれません。

そのニュージーランドを浅井隆と共に訪問する、「浅井隆と行くニュージーランド視察ツアー」を二〇一九年一一月に開催致します（その後も毎年一一月の開催を予定しております）。現地では浅井の経済最新情報レクチャーもございます。内容の充実した素晴らしいツアーです。ぜひ、ご参加下さい。

TEL：〇三（三二九一）六一〇六　担当：大津

浅井隆のナマの声が聞ける講演会

著者・浅井隆の講演会を開催いたします。二〇一九年は名古屋・一〇月一八日（金）、東京・一〇月二五日（金）、大阪・一一月一日（金）、二〇二〇年は東京・一月一八日（土）を予定しております。経済の最新情報をお伝えすると共に、生き残りの具体的な対策を詳しく、わかりやすく解説いたします。

活字では伝えることのできない肉声による貴重な情報にご期待下さい。

詳しいお問い合わせ先は、㈱第二海援隊まで。

■第二海援隊連絡先

TEL：〇三（三二九一）六一〇六　FAX：〇三（三二九一）六九〇〇
Eメール：info@dainikaientai.co.jp
ホームページアドレス：http://www.dainikaientai.co.jp/

第二海援隊ホームページ

また、第二海援隊では様々な情報をインターネット上でも提供しております。詳しくは「第二海援隊ホームページ」をご覧下さい。私ども第二海援隊グループは、皆さんの大切な財産を経済変動や国家破産から守り殖やすためのあらゆる情報提供とお手伝いを全力で行ないます。

また、浅井隆によるコラム「天国と地獄」を一〇日に一回、更新中です。経済を中心に、長期的な視野に立って浅井隆の海外をはじめ現地生取材の様子をレポートするなど、独自の視点からオリジナリティ溢れる内容をお届けします。

ホームページアドレス：http://www.dainikaientai.co.jp/

〈参考文献〉

【新聞・通信社】
『日本経済新聞』『朝日新聞』『産経新聞』『千葉日報』『時事通信社』
『ブルームバーグ』『ロイター』

【書籍】
『金（ゴールド）が語る 20 世紀』（鯖田豊之・中公新書）
『日本経済を殲滅せよ』（エドワード・ミラー・新潮社）
『ルーズベルトの開戦責任』（ハミルトン・フィッシュ・草思社）
『斜陽』（太宰治）

【拙著】
『浅井隆の大予言〈下〉』（第二海援隊）
『預金封鎖、財産税、そして 10 倍のインフレ‼〈上〉〈下〉』（第二海援隊）
『2014 年日本国破産〈警告編〉』（第二海援隊）
『有事資産防衛　金か？　ダイヤか？』（第二海援隊）
『この国は 95％の確率で破綻する‼』（第二海援隊）
『恐慌と国家破産を大チャンスに変える！』（第二海援隊）
『国家破産ベネズエラ突撃取材――1000 万％のハイパーインフレ』（第二海援隊）
『ギリシャの次は日本だ！』（第二海援隊）

【その他】
『経済トレンドレポート』『ロイヤル資産クラブレポート』
『選択 2018 年 12 月号』
『国債発行５０年の総決算―プライマリー・バランス分析決定版』（米澤潤一）

【ホームページ】
フリー百科事典『ウィキペディア』
『内閣府』『財務省』『国土交通省』『外務省』『資源エネルギー庁』『税関』
『NHK』『ＩＭＦ』『日経ビジネス』『AERA』『CNN』『第一商品』
『ニューズウィーク日本版』『ウォール・ストリート・ジャーナル』
『GOLDNEWS』『全米日系人博物館』『NEWSPICKS』
『レコードチャイナ』『クライテリオン』『ロケットニュース』
『るいネット』『海外投資データバンク』

〈著者略歴〉
浅井　隆（あさい　たかし）
経済ジャーナリスト。1954 年東京都生まれ。学生時代から経済・社会問題に強い関心を持ち、早稲田大学政治経済学部在学中に環境問題研究会などを主宰。一方で学習塾の経営を手がけ学生ビジネスとして成功を収めるが、思うところあり、一転、海外放浪の旅に出る。帰国後、同校を中退し毎日新聞社に入社。写真記者として世界を股に掛ける過酷な勤務をこなす傍ら、経済の猛勉強に励みつつ独自の取材、執筆活動を展開する。現代日本の問題点、矛盾点に鋭いメスを入れる斬新な切り口は多数の月刊誌などで高い評価を受け、特に 1990 年東京株式市場暴落のナゾに迫る取材では一大センセーションを巻き起こす。
その後、バブル崩壊後の超円高や平成不況の長期化、金融機関の破綻など数々の経済予測を的中させてベストセラーを多発し、1994 年に独立。1996 年、従来にないまったく新しい形態の 21 世紀型情報商社「第二海援隊」を設立し、以後約 20 年、その経営に携わる一方、精力的に執筆・講演活動を続ける。2005 年 7 月、日本を改革・再生するための日本初の会社である「再生日本 21」を立ち上げた。主な著書：『大不況サバイバル読本』『日本発、世界大恐慌！』（徳間書店）『95 年の衝撃』（総合法令出版）『勝ち組の経済学』（小学館文庫）『次にくる波』（PHP 研究所）『Human Destiny』（『9・11 と金融危機はなぜ起きたか !?〈上〉〈下〉』英訳）『あと２年で国債暴落、１ドル＝ 250 円に !!』『いよいよ政府があなたの財産を奪いにやってくる !?』『あなたの老後、もうありません！』『日銀が破綻する日』『預金封鎖、財産税、そして 10 倍のインフレ !!〈上〉〈下〉』『トランプバブルの正しい儲け方、うまい逃げ方』『世界沈没――地球最後の日』『世界中の大富豪はなぜＮＺに殺到するのか !?〈上〉〈下〉』『円が紙キレになる前に金を買え！』『元号が変わると恐慌と戦争がやってくる !?』『有事資産防衛　金か？　ダイヤか？』『第２のバフェットかソロスになろう !!』『浅井隆の大予言〈上〉〈下〉』『2020 年世界大恐慌』『北朝鮮投資大もうけマニュアル』『この国は 95％の確率で破綻する !!』『徴兵・核武装論〈上〉〈下〉』『100 万円を６ヵ月で２億円にする方法！』『最後のバブルそして金融崩壊』『恐慌と国家破産を大チャンスに変える！』『国家破産ベネズエラ突撃取材』『都銀、ゆうちょ、農林中金まで危ない !?』『10 万円を 10 年で 10 億円にする方法』（第二海援隊）など多数。

私の金が売れない！

2019 年 10 月 10 日　初刷発行

著　者　浅井　隆
発行者　浅井　隆
発行所　株式会社　第二海援隊
〒 101-0062
東京都千代田区神田駿河台２-５-１　住友不動産御茶ノ水ファーストビル８Ｆ
電話番号　03-3291-1821　　FAX 番号　03-3291-1820

印刷・製本／中央精版印刷株式会社

　ISBN978-4-86335-199-8

Printed in Japan

第二海援隊発足にあたって

日本は今、重大な転換期にさしかかっています。にもかかわらず、私たちはこの極東の島国の上で独りよがりのパラダイムにどっぷり浸かって、まだ太平の世を謳歌しています。

しかし、世界はもう動き始めています。その意味で、現在の日本はあまりにも「幕末」に似ているのです。ただ、今の日本人には幕末の日本人と比べて、決定的に欠けているものがあります。それこそ、志と理念です。現在の日本は世界一の債権大国（＝金持ち国家）に登り詰めはしましたが、人間の志と資質という点では、貧弱な国家になりはててしまいました。それこそが、最大の危機といえるかもしれません。

そこで私は「二十一世紀の海援隊」の必要性を是非提唱したいのです。今日本に必要なのは、技術でも資本でもありません。志をもって大変革を遂げることのできる人物と、それを支える情報です。まさに、情報こそ〝力〟なのです。そこで私は本物の情報を発信するための「総合情報商社」および「出版社」こそ、今の日本にもっとも必要と気付き、自らそれを興そうと決心したのです。

しかし、私一人の力では微力です。是非皆様の力をお貸しいただき、二十一世紀の日本のために少しでも前進できますようご支援、ご協力をお願い申し上げる次第です。

浅井　隆